全国高等教育自学考试指定教材

CAIWU GUANLIXUE

财务管理学

学程教育◎主编

中国人民大学出版社

· 北京 ·

出版前言

21世纪是一个变幻莫测的时代，是一个催人奋进的时代。抓住机遇，寻求发展，适应变化，战胜挑战的法宝就是学习——内在自驱，终身学习。

作为我国高等教育组成部分的自学考试，其职责就是在高等教育层次上倡导自学、鼓励自学、帮助自学、推动自学，为每一个自学者铺就成才之路。组织编写供读者学习的教材就是履行这个职责的重要环节。毫无疑问，这类教材应当适合自学，应当有利于学习者了解和掌握新知识、新信息，有利于学习者形成自学能力、培养实践能力、增强创新意识，也有利于学习者学以致用，解决实际工作中所遇到的问题。为帮助广大考生快速掌握重要考点，以较短的备考时间顺利通过考试，赢在提升学历的起跑线上，北京学程教育科技有限公司以对高等教育自学考试辅导事业极端负责、对考生极端热忱的工作精神，组织相关人员编写了本书。

“财务管理学”课程是全国高等教育自学考试工商企业管理专业、金融学专业、会计学专业、企业财务管理专业等经济管理类专业的一门专业课程。本课程从现代企业制度下的财务管理工作实践出发，着重介绍财务管理的基本原理、基本知识和基本技能，使应试者在专业技能上适应企业财务管理实践的需要。本课程边界界定困难，综合性强，内容丰富，涉及面广，章节联系密切，逻辑过程严密，方式方法灵活多样，计算较为复杂。

编委会在全国高等教育自学考试指定教材的基础上，通过研究最新考试大纲和历年考试真题，悉心编写此教材，令本教材具有以下五大特色功能：

学有章法，高效记忆

教材针对每个章节中的知识点进行星级标注，★★★为一级考点（高频考点），★★为二级考点（中频考点），★为三级考点（一般考点），以及四级考点（补充考点）。与此同时，每个考点中，用波浪线对关键内容进行标注，考生可以一目了然地掌握知识精髓，从而由浅入深、层层递进开展学习。

易考易错，了如指掌

每个知识点后设有“易考点”，每章后设有“难点回顾”，这两个栏目更好、更全面地总结归纳了“前车之鉴”，便于考生在多次巩固重点的过程中掌握易考易错点，少走弯路，轻松复习。

真题演练，解析再现

每章末尾均设有“真题演练”及“答案解析”。实践是检验真理的唯一标准，“干货”学完后，需要“实操”把关。练习环节可以让考生在学完本章内容后及时检验学习成果，再次强化记忆重点。

笔记随想，学习有样

每个知识点旁均设有专属笔记区，设计人性化，考生可以边学边记，实现一书多用，让自学之路的点滴都有所依、有所属。更重要的是，错的题和知识点，也有了“正规”的“住处”，考生再次复习时，可快速回忆起问题点，找到学习的乐趣。

名师伴读，在线提分

每章配有一个关于易考点或难点内容的视频讲解。考生打开微信扫描二维码，即可观看视频。名师伴读，在线提分，让考生更方便、快捷、高效地学习。

学无止境，“过”有定法。既然选择了远方，就只有风雨兼程；只要你的心不拒绝奔跑，任何地点都可以成为起点。希望广大考生从一开始就树立起依靠自己学习的坚定信念，不断探索适合自己的学习方法，充分利用我们提供的复习资料和技巧，结合实际工作经验，最大限度地发挥自己的潜能，达到学习目标。

祝每一位考生自学成功，“试”在必得！

由于时间仓促，加之水平有限，本书中的不当或者疏漏之处在所难免，恳请专家与读者批评指正。

编委会

2020年3月

目录

第一章　财务管理概述

备考指南

通过本章的学习，你应理解财务管理的概念与特点；掌握财务管理的内容和目标；理解财务管理的环境等基本理论，能对财务管理有一个总括的认识，并为学好以后各章节的知识打下基础。本章重要程度为★★，多以单选题、多选题形式出现，复习时要重点关注划线部分，通过“学习目标”进行自测。

学习目标

通过本章的学习，你将掌握以下知识点：

1. 财务管理的基本概念与特点。
2. 财务管理的目标。
3. 利息率的构成。
4. 财务管理目标的优缺点。

PART 1 本章知识宝图

本章共三小节，每小节的知识点分别用星标做重要程度标注，★★★为高频考点，★★为中频考点，★为一般考点，四级考点为补充考点，可循序渐进复习。

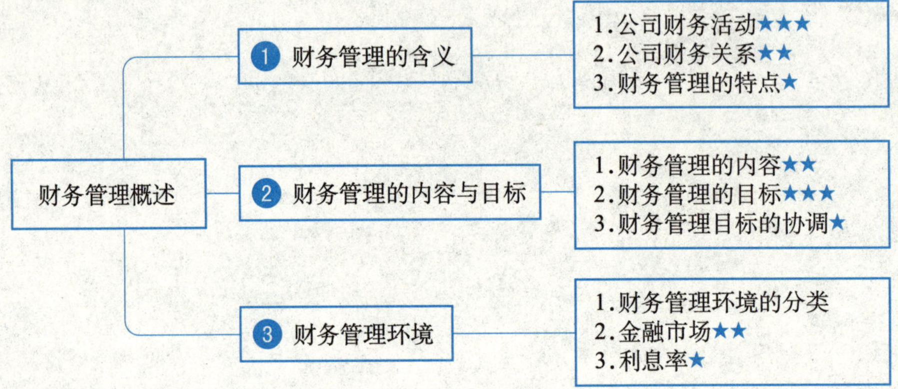

PART 2 名师伴读

名师伴读，码上听课

本视频包含《财务管理学》中的财务管理的含义、内容、目标等。

登录 www. rdlearning. cn 观看完整内容。

PART 3 高频考点

考点 001　公司财务活动

【★★★一级考点，单选题、多选题】

1. 公司财务活动

公司财务活动一般是指公司从事的与资本运动有关的业务活动。

2. 公司从事生产经营活动的主要目的

公司从事生产经营活动的主要目的是谋求自身价值的扩大，寻求发展，从而满足各个利益相关者的要求。

3. 公司财务活动的内容

公司财务活动包括筹资活动、投资活动、经营活动及股利分配活动。

4. 公司筹资引起的财务活动

公司通过发行股票、发行债券、向银行借款、吸收直接投资等方式筹

小笔记

集资本，表现为公司的资本流入。公司偿还银行借款、支付利息及股利、支付借款手续费以及债券和股票的发行费用等各种费用，则表现为公司的资本流出。这种由于资本的筹集和使用而产生的资本流入与流出，便构成了公司筹资引起的财务活动。

5. 公司投资引起的财务活动

公司把筹集到的资本投资于公司内部，用于购置固定资产、无形资产等，形成公司的对内投资；公司把筹集到的资本用于购买其他公司的股票、债券，便形成公司的对外投资。这种由于公司投资而产生的资本流入与流出，便构成了公司投资引起的财务活动。

6. 公司经营引起的财务活动

由于生产经营而产生的资本流入与流出，便构成了公司经营活动引起的财务活动。例如，采购材料和商品、销售产品。

7. 公司股利分配引起的财务活动

因分配而产生的资本流动属于股利分配引起的财务活动。

易考点

1. 公司财务活动包括筹资活动、投资活动、经营活动及股利分配活动。

2. 公司的资本流入包括：发行股票、发行债券、向银行借款、吸收直接投资等。

3. 公司的资本流出包括：偿还银行借款、支付利息及股利、支付借款手续费以及债券和股票的发行费用等。

考点 002 公司财务关系

【★★二级考点，单选题】

1. 公司财务关系

公司财务关系是指公司在组织财务活动过程中与各方面发生的经济利益关系。

2. 公司与投资人之间的财务关系

公司与投资人之间的财务关系是各种财务关系中最为根本的，表现为公司的投资人向公司投入资本，公司向其支付股利。

3. 公司与债权人之间的财务关系

公司与债权人之间的财务关系主要是指公司向债权人借入资本，并按照借款合同的规定按期支付利息和归还本金所形成的经济利益关系，其体

现的是债务与债权的关系。

4. 公司与被投资单位之间的财务关系

公司与被投资单位之间的财务关系主要是指公司将闲置资本以购买股票或直接投资的形式向其他公司投资形成的经济利益关系。公司与被投资单位之间的财务关系体现的是所有权性质的投资与受资的关系。

5. 公司与债务人之间的财务关系

公司与债务人之间的财务关系主要是指公司将其资本以购买债券、提供借款或商业信用等形式出借给其他单位所形成的经济利益关系。

6. 公司内部各单位之间的财务关系

公司内部各单位之间的财务关系主要是指公司内部各单位之间在生产经营各环节相互提供产品或劳务所形成的经济利益关系。

7. 公司与职工之间的财务关系

公司与职工之间的财务关系主要是指公司在向职工支付劳动报酬的过程中所形成的经济利益关系。

8. 公司与税务机关之间的财务关系

公司与税务机关之间的财务关系主要是指公司要按照税法的规定依法纳税而与国家税务机关形成的经济利益关系。

易考点

1. 公司财务关系是指公司在组织财务活动过程中与各方面发生的经济利益关系。

2. 公司与债务人之间的财务关系主要是指公司将其资本以购买债券、提供借款或商业信用等形式出借给其他单位所形成的经济利益关系。

考点003　财务管理的特点

【★三级考点，一般为简答题】

财务管理的特点：综合性强、涉及面广、对公司的经营管理状况反应迅速。

财务管理的特点：综合性强、涉及面广、对公司的经营管理状况反应迅速。

小笔记

考点 004 财务管理的内容

【★★二级考点，一般为单选题】

1. 公司财务管理的最终目标

公司财务管理的最终目标是公司价值最大化，公司价值增加的主要途径是提高收益率和减少风险。

2. 公司财务管理的主要内容

公司财务管理的主要内容是投资管理、筹资管理、营运资本管理和股利分配管理。

3. 投资

投资是指公司为了获得未来收益或避免风险而进行的资本投放活动。可分为直接投资和间接投资，长期投资和短期投资。

4. 筹资

筹资是指公司资本的筹集。筹资管理主要解决的问题是如何取得公司所需资本，包括向谁筹集、在何时筹集、筹集多少资本，以及确定各种长期资本来源所占的比重，即确定最佳资本结构。

5. 营运资本管理的分类

营运资本管理分为营运资本投资管理和营运资本筹资管理两部分。

6. 股利分配

股利分配是指确认在公司获取的税后利润中有多少作为股利分配给股东，有多少留存在公司内部作为再投资。

易考点

公司财务管理包括：投资管理、筹资管理、营运资本管理和股利分配管理。

考点 005 财务管理的目标

【★★★一级考点，单选题、多选题】

财务管理的目标就是公司财务活动期望实现的结果，是评价公司财务活动是否合理的基本标准。

1. 利润最大化

利润最大化是西方微观经济学的理论基础。缺点：忽视了时间的选择，没有考虑货币的时间价值；忽视了利润赚取与投入资本的关系；忽视

了风险。

2. 股东财富最大化

股东财富是指公司通过有效的经营和理财，最终给股东创造的价值。

3. 企业价值最大化

企业价值是企业所能创造的预计未来现金流量的现值。

4. 现代财务理论的目标

财务管理应该以企业价值最大化为最佳目标，同时兼顾社会责任。

易考点

1. 利润最大化是西方微观经济学的理论基础。缺点：忽视了时间的选择，没有考虑货币的时间价值；忽视了利润赚取与投入资本的关系；忽视了风险。

2. 现代财务理论的目标：以企业价值最大化为最佳目标，同时兼顾社会责任。

考点 006　财务管理目标的协调

【★三级考点，单选题、多选题】

债权人为了防止其利益被侵害，除了寻求立法保护，如破产时优先接管、优先于股东分配剩余财产等外，通常采取以下措施：

第一，在借款合同中加入限制性条款，如规定贷款的用途、规定不得发行新债或限制发行新债的数额等。

第二，发现公司有剥夺其财产意图时，拒绝进一步合作，不再提供新的借款或提前收回借款。

考点 007　财务管理环境的分类

【四级考点，单选题、多选题】

根据各种因素对公司经营的影响方式不同，可以把财务管理环境分为三个层次：微观环境、行业环境、宏观环境。

考点 008　金融市场

【★★二级考点，单选题】

1. 金融市场

金融市场指资本供应者和需求者通过信用工具进行交易而融通资本的市场。

小笔记

2. 金融市场的构成要素

包括市场主体、交易对象、组织形式和交易方式。

（1）市场主体，是指参与金融交易活动的各个经济单位，简称参与者。

（2）交易对象：金融交易活动的交易对象是各种金融资产。货币是最明显的金融资产。

（3）组织形式和交易方式。

金融市场的组织形式主要有交易所交易和柜台交易两种，交易方式主要有现货交易、期货交易、期权交易和信用交易等。金融市场的管理方式主要包括管理机构的日常管理、中央银行的交接管理以及国家法律法规管理。

3. 金融市场的种类

（1）以交易对象为标准，金融市场可以分为资本市场、外汇市场和黄金市场。

（2）以资本期限为标准，金融市场可以分为短期资本市场和长期资本市场。

（3）以市场功能为标准，金融市场可以分为发行市场和流通市场。发行市场又称一级市场，流通市场又称二级市场、交易市场。

易考点

金融交易活动的交易对象是各种金融资产。

考点 009　利息率

【★三级考点，单选题、多选题】

1. 利息率

利息率简称利率，是衡量资本增值量的基本单位，也就是资本的增值与投入资本的价值之比。

一般来说，市场利率表示为：

$$R=PR+INFLR+DR+LR+MR$$

式中，PR 为纯利率；$INFLR$ 为通货膨胀补偿率；DR 为违约风险收益率；LR 为流动性风险收益率；MR 为期限性风险收益率。（影响利率的因素）

2. 纯利率

纯利率是指在无通货膨胀和无风险情况下的社会平均利润率。

3. 通货膨胀

通货膨胀会降低货币的实际购买力，使投资者的真实收益率下降。一

小笔记

般认为，政府发行的短期国库券利率就是由纯利率和通货膨胀补偿率两部分组成的。

4. 违约风险收益率

一般将国库券与拥有相同到期日、变现力和其他特性的公司债券两者之间的利率差距作为违约风险收益率。

5. 流动性风险

流动性风险是指某项资产迅速转化为现金的可能性。

6. 期限性风险

期限性风险是指因债务到期日不同而带来的风险。

易考点

利率的构成要素：$R=PR+INFLR+DR+LR+MR$。

PART 4 难点回顾

- 公司财务活动，一般是指公司从事的与资本运动有关的业务活动。
- 公司财务活动包括筹资活动、投资活动、经营活动及股利分配活动。
- 追求利润最大化是公司财务管理的目标之一，其负面影响在于：忽视了时间的选择，没有考虑货币的时间价值；忽视了利润赚取与投入资本的关系；忽视了风险。
- 现代财务理论的目标是：以企业价值最大化为最佳目标，同时兼顾社会责任。
- 利率的构成要素：$R=PR+INFLR+DR+LR+MR$。
- 以交易对象为标准，金融市场可以分为资本市场、外汇市场和黄金市场。
- 以市场功能为标准，金融市场可以分为发行市场和流通市场。发行市场又称一级市场，流通市场又称二级市场、交易市场。

过考百科

金融市场的形态有两种：一种是有形市场，即交易者集中在有固定地点和交易设施的场所内进行交易的市场，在证券交易电子化之前的证券交易所就是典型的有形市场，但世界上所有的证券交易所都采用了数字化交易系统，因此有形市场渐渐被无形市场所替代；另一种是无形市场，即交易者分散在不同地点（机构）或采用电信手段进行交易的市场，如场外交易市场、全球外汇市场和证券交易所市场都属于无形市场。

PART 5 真题演练

一、单选题

1. △【2016 年 4 月】企业财务管理的最佳目标是（　　）。

A. 收入最大化　　B. 利润最大化

C. 企业价值最大化　　D. 市场占有率最大化

2. △【2017 年 4 月】下列能够形成 H 公司与债务人之间财务关系的是（　　）。

A. 乙公司向 H 公司投入资本　　B. 甲公司赊购 H 公司销售的产品

C. 丙公司购买 H 公司发行的股票　　D. 丁公司购买 H 公司发行的优先股

3. △【2017 年 10 月】甲公司购买乙公司发行的债券，与乙公司所形成的财务关系是（　　）。

A. 与债权人之间的财务关系　　B. 与债务人之间的财务关系

C. 与税务机关之间的财务关系　　D. 与投资单位之间的财务关系

4. △【2018 年 10 月】以企业价值最大化作为财务管理目标的缺点是（　　）。

A. 没有考虑货币的时间价值

B. 没有考虑风险与收益的权衡

C. 带来了企业追求利润的短期行为

D. 对于非上市公司，准确评估企业价值较困难

5. 下列各项中，体现债权与债务关系的是（　　）。

A. 企业与债权人之间的财务关系　　B. 企业与被投资单位之间的财务关系

C. 企业与债务人之间的财务关系　　D. 企业与税务机关之间的财务关系

6. △借款人无法按期偿还本金和利息而给投资人带来的风险，称为（　　）。

A. 违约风险　　B. 期限性风险　　C. 流动性风险　　D. 通货膨胀风险

7. 下列属于短期国库券利率构成内容的是（　　）。

A. 违约风险收益率　　B. 通货膨胀补偿率

C. 期限风险收益率　　D. 流动性风险收益率

8. 以市场功能为标准进行分类，金融市场可分为（　　）。

A. 发行市场和流通市场　　B. 股票市场和债券市场

C. 短期资金市场和长期资金市场　　D. 外汇市场和黄金市场

易错题

单选题 1、2、3、5、8，需要牢牢掌握知识点，认真审题，避免作答失误。

△表示高频考点。

二、主观题

1. 简述公司财务活动的含义及构成内容。

2. 简述将利润最大化作为企业财务管理目标的缺点。

PART 6 答案解析

一、单选题

1. 答案：C

解析：财务管理应该以企业价值最大化为最佳目标，同时兼顾社会责任。

2. 答案：B

解析：公司与债务人之间的财务关系主要是指公司将其资本以购买债券、提供借款或商业信用等形式出借给其他单位所形成的经济利益关系。选项 B 甲公司赊购 H 公司的产品，H 公司便成了甲公司的债权人，与题干描述相符，故 B 项符题当选。选项 A 属于 H 公司与投资人之间的财务关系；选项 C、D 属于 H 公司与被投资单位之间的财务关系。

3. 答案：B

解析：公司与债务人之间的财务关系主要是指公司将其资本以购买债券、提供借款或商业信用等形式出借给其他单位所形成的经济利益关系。

4. 答案：D

解析：以企业价值最大化作为财务管理的目标存在以下问题：

(1) 尽管上市公司股票价格的变动在一定程度上可以揭示企业价值的变化，但是股价是受多种因素综合影响的结果，特别是在资本市场弱式有效的情况下，股票价格很难反映公司的真实价值。(2) 对于非上市公司，只有对公司进行专门评估才能确定其价值。而在评估企业价值时，由于受到评估标准和评估方式的影响，很难做到客观和准确。这里考查第二点内容，所以答案选择 D。

5. 答案：C

解析：公司与其债务人之间的财务关系体现的是债权与债务的关系。

6. 答案：A

解析：违约风险是指借款人无法按期偿还本金和利息而给投资者带来的风险。故选 A。

7. 答案：B

解析：通货膨胀会降低货币的实际购买力，使投资者的真实收益率下降。因此，他们必然要求提高利率水平以补偿其购买力损失。一般认为，政府发行的短期国库券利率就是由纯利率和通货膨胀补偿率两部分组成的。

8. 答案：A

解析：以市场功能为标准，金融市场可以分为发行市场和流通市场。发行市场又称一级市场，流通市场又称二级市场、交易市场。

二、主观题

1. 简述公司财务活动的含义及构成内容。

答：公司财务活动，一般是指公司从事的与资本运动有关的业务活动。总体来讲，公司财务活动包括筹资活动、投资活动、经营活动及股利分配活动。

(1) 筹资活动：公司筹资引起的财务活动；

(2) 投资活动：公司投资引起的财务活动；

(3) 经营活动：公司经营引起的财务活动；

(4) 股利分配活动：公司股利分配引起的财务活动。

2. 简述将利润最大化作为企业财务管理目标的缺点。

答：将利润最大化作为企业财务管理目标的缺点是：

(1) 忽视了时间的选择，没有考虑货币的时间价值；

(2) 忽视了利润赚取与投入资本的关系；

(3) 忽视了风险。

恭喜你完成首章的学习，全书章节进度已完成1/10。读书，始读，未知有疑；其次，则渐渐有疑；中则节节是疑。过了这一番，疑渐渐释，以至融会贯通，都无所疑，方始是学。在此，记录下你的学习心得吧。

第二章　时间价值与风险收益

备考指南

通过本章的学习，你应理解时间价值的概念；掌握时间价值的计算；理解风险的概念；掌握风险的计量方法；理解风险与收益的关系。本章重要程度为★★，多以单选题、多选题、计算题形式出现。在复习时要重点记忆各种计算公式，牢牢掌握各个公式中符号的指代，明晰各种公式间的推导关系，以便灵活运用。

学习目标

通过本章的学习，你将掌握以下知识点：

1. 时间价值的计算。
2. 单项资产风险与收益的计量。
3. 资本资产定价模型。
4. 插值法的运用。
5. 名义利率与实际利率的关系。
6. 投资组合的风险与收益的关系。

PART 1 本章知识宝图

本章共两小节，每小节的知识点分别用星标做重要程度标注，★★★为高频考点，★★为中频考点，★为一般考点，可循序渐进复习。

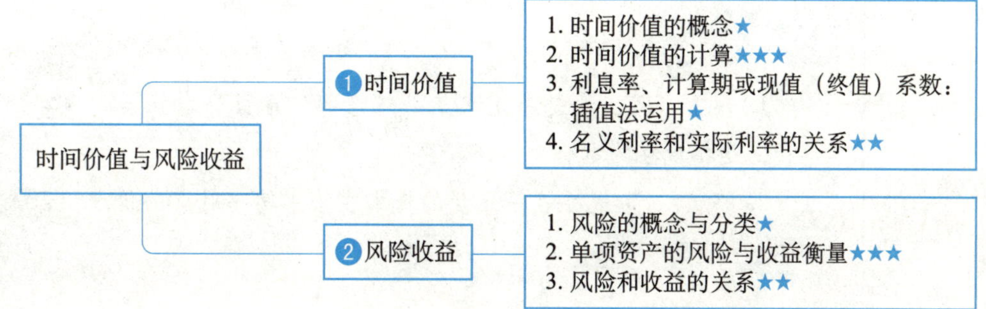

PART 2 名师伴读

名师伴读，码上听课

本视频包含《财务管理学》中的时间价值、风险、收益等。

登录 www.rdlearning.cn 观看完整内容。

PART 3 高频考点

小笔记

考点 010　时间价值的概念

【★三级考点，多选题】

1. 时间价值

时间价值是指一定量的资本在不同时点上的价值量的差额。

时间价值有相对数和绝对数两种表示方式。其中，相对数在理论上等于没有风险、没有通货膨胀条件下的社会平均资本利润率。

时间价值是财务管理的一个重要概念，也是评价公司投资方案的基本标准。时间价值的大小由两个因素决定：一是资本让渡的时间期限，二是利率水平。一笔资本投入使用的时间越早，时间价值就越大。

2. 现值的含义

现值包括两方面含义：一是指未来某一时点的一定量资本折合到现在

小笔记

的价值；二是指现在的本金。记作“P”。

3. 终值

终值又称将来值，是现在一定量的资本在未来某一时点的价值，即未来的本利和，通常记作“F”。

易考点

1. 现值（P）：一是指未来某一时点的一定量资本折合到现在的价值；二是指现在的本金。

2. 终值（F）是现在一定量的资本在未来某一时点的价值，即未来的本利和。

考点 011　时间价值的计算

【★★★一级考点，单选题、计算题】

时间价值一般用利率来表示。利息的计算通常包括单利和复利两种形式。

1. 单利

单利是只对本金计算利息。即资本无论期限长短，各期的利息都是相同的，本金所派生的利息不再加入本金计算利息。

（1）单利终值：指一定量的资本在若干期以后包括本金和单利利息在内的未来价值。

单利终值的计算公式为：

$$F=P+P\cdot n\cdot r=P\times(1+n\cdot r)$$

单利利息的计算公式为：

$$I=P\cdot n\cdot r$$

式中，P 是现值（本金）；F 是终值（本利和）；I 是利息；r 是利率；n 是计算利息的期数。

（2）单利现值：指未来在某一时点取得或付出的一笔款项，按一定折现率计算的现在的价值。单利现值的计算公式为：

$$P=\frac{F}{1+n\cdot r}$$

2. 复利

复利指资本每经过一个计息期，要将该期所派生的利息再加入本金，一起计算利息，俗称“利滚利”。计息期是指相邻两次计息的间隔，如年、季或月等。

小笔记

（1）复利终值：指一定量的资本按复利计算在若干期以后的本利和。年利率为 r，本金 P 在 n 期后的终值为 F，复利终值的计算公式：

$$F=P\times(1+r)^n=P\times\left(\frac{F}{P},r,n\right)$$

（2）复利现值：复利现值是指未来在某一时点取得或付出的一笔款项按复利计算的现在的价值。复利现值是复利终值的逆运算。

$$P=F\times\frac{1}{(1+r)^n}=F\times(P/F,r,n)$$

3. 年金

年金指一定时期内每期相等金额的系列收付款项。

4. 普通年金

普通年金是指从第一期起，在一定时期内每期期末等额收付的系列款项，又称后付年金。

（1）普通年金终值的计算公式：

$$F=A\times\frac{(1+r)^n-1}{r}$$

$$F=A\times(F/A,r,n)$$

（2）普通年金现值的计算公式：

$$P=A\times\frac{1-(1+r)^{-n}}{r}$$

$$P=A\times(P/A,r,n)$$

5. 即付年金

即付年金是指从第一期起，在一定时期内每期期初等额收付的系列款项，又称预付年金或先付年金。它与普通年金的区别仅在于付款时间不同。

（1）即付年金现值。即付年金现值是指每期期初等额收付的系列款项的复利现值之和。它与普通年金现值的区别在于付款时间不同。

$$P=A\times(1+r)\times\frac{1-(1+r)^{-n}}{r}=A\times(P/A,r,n)\times(1+r)$$

$$P=A\times\left[\frac{1-(1+r)^{-(n-1)}}{r}+1\right]=A\times[(P/A,r,n-1)+1]$$

第一，在 n 期普通年金现值的基础上乘以（$1+r$），即可求出 n 期即付年金现值；第二，先计算即付年金现值系数，即在普通年金现值系数的基础上，期数减 1，系数加 1，用符号表示为［（P/A，r，$n-1$）+1］，最后乘以年金 A，即可求出 n 期即期年金现值。

（2）即付年金终值。即付年金终值是各期期初等额系列收付款的复利终值之和。

小笔记

$$F=A\times(1+r)\times\frac{(1+r)^{n}-1}{r}=A\times(F/A,r,n)+(1+r)$$

$$F=\left[A\times\frac{(1+r)^{(n+1)}-1}{r}-1\right]=A\times[(F/A,r,n+1)-1]$$

第一，在 n 期普通年金终值的基础上乘以（$1+r$），即可求出 n 期即付年金终值；第二，先计算即付年金终值系数，即在普通年金终值系数的基础上，期数加 1，系数减 1，用符号表示为［$(F/A,r,n+1)-1$］，最后乘以年金 A，即可求出 n 期即付年金终值。

6. 递延年金

递延年金是指距今若干期以后发生的系列等额收付款项。凡不是从第一期开始的年金都是递延年金。

7. 永续年金

永续年金是指无限期等额系列收付的款项。永续年金现值的计算公式为：

$$P=\frac{A}{r}$$

易考点

1. 单利终值和单利现值、复利终值和复利现值的计算公式。

2. 普通年金终值和普通年金现值、即付年金现值和即付年金终值、永续年金现值的计算公式。

考点 012　利息率、计息期或现值（终值）系数：插值法运用

【★三级考点，单选题、多选题、计算题】

已知终值或现值，计算利率、计息期或现值（终值）系数的问题（求解其中一个变量，假设其他变量不变）。用两边的数值估计需求数据值。

考点 013　名义利率和实际利率的关系

【★★二级考点，单选题、多选题、计算题】

当每年的复利次数超过一次时，这时的年利率叫作名义利率，而每年只复利一次的利率才是实际利率。

名义利率和实际利率的关系：当每年的复利次数超过一次时，这时的年利率叫作名义利率，而每年只复利一次的利率才是实际利率。

小笔记

考点014　风险的概念与分类

【★三级考点，单选题】

1. 风险的概念

风险是指在一定条件下和一定时期内可能发生的各种结果的变动程度。

2. 风险的分类

按照风险可分散特性的不同，风险分为系统风险和非系统风险。

（1）系统风险是指由市场收益率整体变化所引起的市场上所有资产的收益率的变动性，它是由那些影响整个市场的风险因素引起的，因而又称为市场风险。这些因素包括战争、经济衰退、通货膨胀、税制改革、世界能源状况的改变等。

（2）非系统风险是指由于某一特定原因对某一特定资产收益率造成影响的可能性。它是特定公司或行业所特有的风险，因而又称为公司特有风险。这种风险可以通过多样化的投资来分散，即发生于一家公司的不利事件可以被其他公司的有利事件所抵消。

易考点

1. 系统风险，又称为市场风险。这些因素包括战争、经济衰退、通货膨胀、税制改革、世界能源状况的改变等。

2. 非系统风险，称为公司特有风险。这种风险可以通过多样化的投资来分散，即发生于一家公司的不利事件可以被其他公司的有利事件所抵消。

考点015　单项资产的风险与收益衡量

【★★★一级考点，单选题】

1. 资产的风险

资产的风险是指资产收益率的不确定性，其大小可用资产收益率的离散程度来衡量。离散程度是指资产收益率的各种可能结果与预期收益率的偏差。

2. 期望值

期望值又称预期收益，是指对于某一投资方案未来收益的各种可能结果，以概率为权数计算的加权平均数。它是衡量风险大小的基础，但它本身不能表明风险的高低。

小笔记

3. 标准离差和标准离差率

标准离差是指概率分布中各种可能结果对于期望值的离散程度。

在期望值相同的情况下，标准离差越大，说明各种可能情况与期望值的偏差越大，风险越高；反之，标准离差越小。

不同方案有不同的期望值，各种方案标准离差计算的基准也不一样，因此，不能简单地依据标准离差的大小来衡量方案的风险，这时应依据标准离差率来衡量方案风险的高低。

标准离差率是一个相对指标，它以相对数反映方案的风险程度。在期望值不同的情况下，标准离差率越大，风险越高；反之，标准离差率越小，风险越低。在期望值相同的情况下，标准离差小的风险低。

易考点

1. 资产的风险是指资产收益率的不确定性，其大小可用资产收益率的离散程度来衡量。离散程度是指资产收益率的各种可能结果与预期收益率的偏差。

2. 在期望值不同的情况下，标准离差率越大，风险越高；反之，标准离差率越小，风险越低。在期望值相同的情况下，标准离差小的风险低。

考点 016 风险和收益的关系

【★★二级考点，多选题】

资本资产定价模型阐述了在充分多元化的组合投资中证券的风险和收益之间的均衡关系。

单个证券的风险与收益关系可以用资本资产定价模型表示。资本资产定价模型用公式表示为：

$$R_j=R_f+\beta_j\ (R_m-R_f)$$

式中，R_j为在证券j上投资者要求的收益率；R_f为无风险证券的利率；β_j为证券j的系统风险的度量；R_m为投资者对市场组合要求的收益率（即证券市场的平均收益率）；R_m-R_f为市场风险溢价。

当个别证券的$\beta=1$时，说明该证券的收益率与市场平均收益率呈同方向、同比例的变化，即如果市场平均收益率增加（或减少）1%，那么该证券的收益率也相应地增加（或减少）1%，也就是说，该证券所含的系统风险与市场组合的风险一致。

当个别证券的 $\beta<1$ 时，说明该证券收益率的变动幅度小于市场组合收益率的变动幅度，因此，其所含的系统风险小于市场组合的风险。

当个别证券的 $\beta>1$ 时，说明该证券收益率的变动幅度大于市场组合收益率的变动幅度，因此，其所含的系统风险大于市场组合的风险。

从证券市场线可以看出，投资者要求的收益率不仅仅取决于市场风险，而且取决于无风险收益率（证券市场线的截距）和市场风险补偿程度（证券市场线的斜率）。由于这些因素始终处于变动之中，所以证券市场线也不会一成不变。预计通货膨胀提高时，无风险收益率随之提高，进而导致证券市场线向上平移。风险厌恶感的加强，会提高证券市场线的斜率。

易考点

1. 单个证券的风险和收益的关系：

当个别证券的 $\beta=1$ 时，系统风险与市场组合的风险一致。

当个别证券的 $\beta<1$ 时，系统风险小于市场组合的风险。

当个别证券的 $\beta>1$ 时，系统风险大于市场组合的风险。

2. 证券的风险与收益之间的关系可以表示为证券市场线。

PART 4 难点回顾

- 时间价值有现值和终值两种表现形式。
- 现值记作“P”，终值记作“F”。
- 单利终值的计算公式：$F=P+P\cdot n\cdot r=P\times(1+n\cdot r)$。
- 单利现值的计算公式：$P=F/(1+n\cdot r)$。
- 复利终值的计算公式：$F=P\times(1+r)^n=P\times(F/P,r,n)$。
- 复利现值的计算公式：$P=F\times\dfrac{1}{(1+r)^n}=F\times(P/F,r,n)$。
- 普通年金终值的计算公式：$F=A\times\dfrac{(1+r)^n-1}{r}=A\times(F/A,r,n)$。
- 普通年金现值的计算公式：$P=A\times\dfrac{1-(1+r)^{-n}}{r}=A\times(P/A,r,n)$。
- 即付年金现值的计算公式：$P=A\times\left[\dfrac{1-(1+r)^{-(n-1)}}{r}+1\right]=A\times[(P/A,r,n-1)+1]$。

过考百科

资本资产定价模型（CAPM）不是一个完美的模型。但是其分析问题的角度是正确的。它提供了一个可以衡量风险大小的模型，帮助投资者决定所得到的额外回报是否与当中的风险相匹配。此模型也暗合了马克思主义经典政治经济学，资产价格围绕资产价值波动，并具体细化为相关性。

PART 5 真题演练

一、单选题

1. △【2015 年 4 月】如果某股票的 β 系数大于 1，则对该股票的系统风险表述正确的是（　　）。

A. 大于市场组合的系统风险　　B. 小于市场组合的系统风险

C. 等于市场组合的系统风险　　D. 与市场组合的系统风险的关系不确定

2. △【2015 年 10 月】如果普通年金现值系数为（P/A，r，n），则同期的即付年金现值系数是（　　）。

A. ［(P/A，r，$n+1$)－1］　　B. ［(P/A，r，$n-1$)＋1］

C. ［(P/A，r，$n+1$)＋1］　　D. ［(P/A，r，$n-1$)－1］

3. 【2015 年 10 月】下列关于投资组合与风险的表述中，正确的是（　　）。

A. 投资组合能消除部分市场风险

B. 投资组合能消除部分系统性风险

C. 投资组合能消除部分非系统性风险

D. 投资组合的总规模越大，承担的非系统风险就越大

4. 【2016 年 4 月】下列表述中，符合递延年金含义的是（　　）。

A. 从第一期开始，无限期每期期末等额收付的系列款项

B. 从第一期开始，在一定时期内每期期末等额收付的系列款项

C. 从第零期开始，在一定时期内每期期末等额收付的系列款项

D. 从第二期开始，在一定时期内每期期末等额收付的系列款项

5. △【2016 年 4 月】某项永久性奖学金，每年计划颁发奖金 50 000 元，若年复利率为 8%，该奖学金的本金应为（　　）元。

A. 400 000　　B. 540 000　　C. 600 000　　D. 625 000

6. △【2016 年 10 月】已知甲、乙两方案投资收益率的期望值分别为 18%和 15%，两方案都存在投资风险，比较两方案风险大小应采用的指标是（　　）。

A. 方差　　B. 期望值　　C. 期望收益率　　D. 标准离差率

7.【2017 年 4 月】下列各项中，能够引起非系统风险的因素是（　　）。

A. 通货膨胀　　B. 新产品研发失败

C. 宏观经济状况变化　　D. 世界能源状况变化

8.【2017 年 10 月】下列属于影响整个市场的风险因素是（　　）。

A. 经济衰退　　B. 公司劳资纠纷

C. 行业员工罢工　　D. 公司新产品试制失败

9.【2017 年 10 月】甲、乙两个项目的投资额相同，期望收益率相同，甲项目期望收益率的标准离差大于乙项目，则对甲、乙两项目风险判断正确的是（　　）。

A. 甲、乙两个项目的风险相同

B. 甲项目的风险低于乙项目的风险

C. 甲项目的风险高于乙项目的风险

D. 无法比较两个项目风险的大小

10. △【2018 年 10 月】某学校拟设立一项科研奖励基金，计划每年颁发奖金 40 万元。若年复利率为 8%，该奖励基金的本金应为（　　）万元。

A. 40　　B. 320　　C. 400　　D. 500

11. △某人希望在第 5 年年末取得本利和 20 000 元，则在年利率为 2%、单利计息的方式下，此人现在应当存入银行（　　）元。

A. 18 114　　B. 18 181. 82　　C. 18 004　　D. 18 000

12. 下列各项年金中，只有现值没有终值的年金是（　　）。

A. 普通年金　　B. 即付年金　　C. 永续年金　　D. 递延年金

易错题

单选题 2、3、4、5、6、11，需要牢牢掌握知识点，认真审题，避免作答失误。

△表示高频考点。

二、主观题

某公司准备从银行取得贷款 3 000 万元，贷款期限 5 年，假设贷款年利率为 10%，复利计息。(计算结果保留小数点后两位)

要求：

(1) 如果第 5 年年末一次还本付息，计算第 5 年年末应还本息额。

(2) 如果每年年末等额还本付息，计算每年年末应还本息额。

(3) 如果前两年不还款，从第 3 年开始每年年末等额还本付息，计算每年年末应还金额。

PART 6 答案解析

一、单选题

1. 答案：A

解析：当个别证券的 $\beta>1$ 时，说明该证券收益率的变动幅度大于市场组合收益率的变动幅度，因此，其所含的系统风险大于市场组合的风险。故正确答案为A。

2. 答案：B

解析：即付年金现值系数，即在普通年金现值系数的基础上，期数减1，系数加1，用符号表示为 $[(P/A, r, n-1)+1]$。

3. 答案：C

解析：系统风险是影响所有资产的风险，因而不能通过投资组合分散，故又称为不可分散风险；而非系统风险可以通过分散化消除。故选C。

4. 答案：D

解析：递延年金是指距今若干期以后发生的系列等额收付款项。凡不是从第一期开始的年金都是递延年金。

5. 答案：D

解析：永续年金现值的计算公式为：$P=A/r=50\,000/8\%=625\,000$（元）。

6. 答案：D

解析：不同方案有不同的期望值，各种方案标准离差计算的基准也不一样，因此，不能简单地依据标准离差的大小来衡量方案的风险，这时应依据标准离差率来衡量方案风险的高低。

7. 答案：B

解析：非系统风险是指由于某一特定原因对某一特定资产收益率造成影响的可能性，它是特定公司或行业所特有的风险，因而又称为公司特有风险。例如，公司的工人罢工、新产品研发失败、失去重要的销售合同或者发现新矿藏等。

8. 答案：A

答案：系统风险是指由市场收益率整体变化所引起的市场上所有资产的收益率的变动性，它是由那些影响整个市场的风险因素引起的，因而又称为市场风险。这些因素包括战争、经济衰退、通货膨胀、税制改革、世界能源状况的改变等。

9. 答案：C

解析：在期望值相同的情况下，标准离差越大，说明各种可能情况与期望值的偏差越大，风险越高；反之，标准离差越小，说明各种可能情况越接近于期望值，意味着风险越低。

10. 答案：D

解析：此题考查的是永续年金现值的计算，现值 $P=A/r=40/8\%=500$（万元）。

11. 答案：B

解析：单利现值的计算公式为：$P=F/(1+n\cdot r)=20\ 000/(1+5\times 2\%)=18\ 181.82$ 元。

12. 答案：C

解析：永续年金因其没有终止时间，所以不存在终值的计算问题。

二、主观题

某公司准备从银行取得贷款 3 000 万元，贷款期限 5 年，假设贷款年利率为 10%，复利计息。(计算结果保留小数点后两位)

要求：

(1) 如果第 5 年年末一次还本付息，计算第 5 年年末应还本息额。

(2) 如果每年年末等额还本付息，计算每年年末应还本息额。

(3) 如果前两年不还款，从第 3 年开始每年年末等额还本付息，计算每年年末应还金额。

答：

(1) 第 5 年年末应还本息额 $=3\ 000\times(F/P, 10\%, 5)=3\ 000\times 1.610\ 5=4\ 831.50$（万元）。

(2) 每年年末应还本息额 $=3\ 000/(P/A, 10\%, 5)=3\ 000/3.790\ 8=791.39$（万元）。

(3) 每年年末应还金额 $=3\ 000\times(F/P, 10\%, 2)/(P/A, 10\%, 3)=3\ 000\times 1.210\ 0/2.486\ 9=1\ 459.65$（万元）。

恭喜你完成第二章内容的学习，全书章节进度已完成 2/10。做学问的功夫，是细嚼慢咽的功夫。好比吃饭一样，要嚼得烂，方好消化，才会对人体有益。在此，记录下你的学习心得吧。

第三章　财务分析

备考指南

通过本章的学习，你应理解财务分析的意义、财务分析法的内容、财务分析的基础数据来源和财务分析的类型；掌握财务比率分析和杜邦分析体系及其具体运用。本章重要程度为★★★，多以单选题、多选题、计算题形式出现，少数以简答题、案例题考核。其中，计算题分值占比极高，应作为重点去学习，不断复习，归纳总结出公式的规律。

学习目标

通过本章的学习，你将掌握以下知识点：

1. 营运能力比率、短期偿债能力比率、长期偿债能力比率和盈利能力比率指标的计算。

2. 杜邦分析体系与因素分析法的结合运用。

PART 1 本章知识宝图

本章共三小节，分别用星标做重要程度标注，★★★为高频考点，★★为中频考点，★为一般考点，可循序渐进复习。

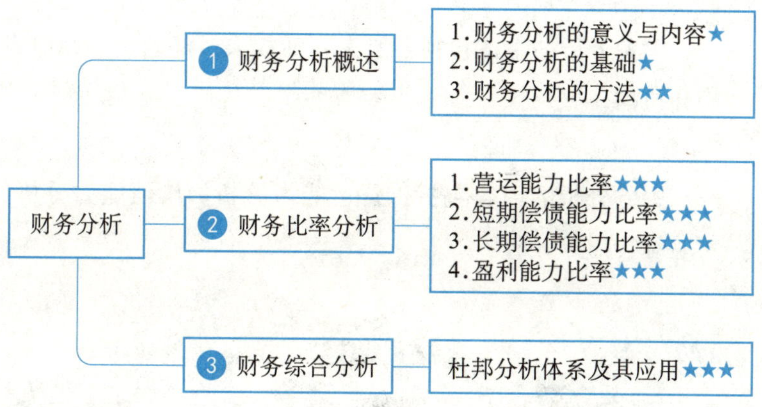

PART 2 名师伴读

名师伴读，码上听课

本视频包含《财务管理学》中的财务分析方法、财务比率等。

登录 www.rdlearning.cn 观看完整内容。

PART 3 高频考点 

考点 017　财务分析的意义与内容

【★三级考点，一般为单选题、简答题】

小笔记

财务分析是以公司财务报表和其他有关资料为依据和起点，采用一系列专门方法，对公司一定时期的财务状况、经营成果及现金流量情况进行分析，借以评价公司财务活动业绩、控制财务活动运行、预测财务发展趋势、提高财务管理水平和经济效益的财务管理活动。

财务分析是对公司一定时期财务活动的总结与评价，为公司进行下一步的财务预测和财务决策提供依据。

小笔记

1. 财务分析的意义

财务分析是正确评价公司财务状况、考核其经营业绩的依据；财务分析是进行财务预测与决策的基础；财务分析是挖掘公司内部潜力、实现公司财务管理目标的手段。

2. 财务分析的主体

财务分析的主体包括：股东、债权人、经营者、政府有关管理部门、中介机构。

3. 财务分析的内容

财务分析的内容包括：营运能力分析、偿债能力分析、盈利能力分析、综合财务分析。

易考点

1. 财务分析的主体包括：股东、债权人、经营者、政府有关管理部门、中介机构。

2. 财务分析的内容包括：营运能力分析、偿债能力分析、盈利能力分析、综合财务分析。

考点018　财务分析的基础

【★三级考点，一般为单选题】

财务报告包括财务报表和其他应当在财务报告中披露的相关信息和资料。

财务报表至少应当包括资产负债表、利润表和现金流量表等报表。

1. 资产负债表

资产负债表是反映公司在某一特定日期的财务状况的报表。资产负债表是根据“资产＝负债＋所有者（股东）权益”这一会计恒等式来编制的。

资产负债表的格式：资产负债表按照资产、负债和所有者（股东）权益分项列示。在我国，资产负债表采用账户式结构。

2. 利润表

利润表是反映公司在一定会计期间经营成果的报表。利润表是按照“利润＝收入－费用”这一公式编制的动态报表。

3. 现金流量表

现金流量表是反映公司一定会计期间现金和现金等价物流入和流出的报表。

小笔记

1. 财务报表至少应当包括资产负债表、利润表和现金流量表等报表。

2. 资产负债表是根据“资产＝负债＋所有者（股东）权益”这一会计恒等式来编制的。

3. 利润表是按照“利润＝收入－费用”这一公式编制的动态报表。

考点 019　财务分析的方法

【★★二级考点，单选题、多选题】

财务分析方法主要有比较分析法和因素分析法。比较分析法是财务分析中最基本、最常用的方法。

1. 比较分析法

比较分析法是通过同类财务指标在不同时期或不同情况下的数量上的比较，来揭示指标间差异或趋势的一种方法。

2. 因素分析法

因素分析法是依据分析指标和影响因素的关系，从数量上确定各因素对指标的影响程度。

利用因素分析法应注意的问题：因素分解的关联性、因素替代的顺序性、顺序替代的连环性、计算结果的假定性。

易考点

财务分析方法主要有比较分析法和因素分析法。比较分析法是财务分析中最基本、最常用的方法。

考点 020　营运能力比率

【★★★一级考点，一般为单选题、多选题、计算题】

营运能力是指公司资产周转运行的能力。

反映公司营运能力的财务比率主要有：总资产周转率、流动资产周转率、应收账款周转率和存货周转率等。

1. 总资产周转率

总资产周转率是指公司在一定时期内营业收入与平均资产总额的比值。

$$总资产周转率=\frac{营业收入}{平均资产总额}$$

小笔记

$$平均资产总额=\frac{年初资产总额+年末资产总额}{2}$$

2. 流动资产周转率

流动资产周转率是指公司一定时期的营业收入同平均流动资产总额的比值。

$$流动资产周转率=\frac{营业收入}{平均流动资产}$$

$$平均流动资产=\frac{年初流动资产+年末流动资产}{2}$$

3. 应收账款周转率

应收账款周转率是指公司一定时期内的赊销收入净额同应收账款平均余额的比值。

$$应收账款周转率=\frac{营业收入}{平均应收账款}$$

$$应收账款周转天数=\frac{360}{应收账款周转率}$$

4. 存货周转率

存货周转率是指一定时期内公司营业成本与存货平均余额的比值。存货周转率是衡量公司销售能力和存货管理工作水平的指标。存货是公司流动资产中所占比例较大的资产，它的质量和流动性直接反映了公司的营运能力，同时也会影响公司的偿债能力和获利能力。

$$存货周转率=\frac{营业成本}{平均存货}$$

$$存货周转天数=\frac{360}{存货周转率}$$

$$平均存货=\frac{年初存货+年末存货}{2}$$

易考点

反映公司营运能力的财务比率主要有总资产周转率、流动资产周转率、应收账款周转率和存货周转率等。(对应公式须记忆)

考点021　短期偿债能力比率

【★★★一级考点，一般为单选题、多选题、计算题】

短期偿债能力取决于可以在近期转变为现金的流动资产的多少。反映公司短期偿债能力的财务比率主要有流动比率和速动比率等。

小笔记

1. 流动比率

流动比率是指公司一定时点流动资产与流动负债的比值。流动比率越大，表明公司可以变现的资产数额越大，短期债务的偿付能力就越强。一般认为，制造业企业合理的流动比率是2。

$$流动比率=\frac{流动资产}{流动负债}$$

2. 速动比率

速动比率是指公司一定时点速动资产与流动负债的比率。速动资产是指流动资产中变现能力较强的那部分资产。一般认为，制造业企业的速动比率为1比较适宜。

$$速动比率=\frac{速动资产}{流动负债}$$

易考点

1. 反映公司短期偿债能力的财务比率主要有流动比率和速动比率等。

2. 流动比率是指公司一定时点流动资产与流动负债的比值。流动比率越大，表明公司可以变现的资产数额越大，短期债务的偿付能力就越强。

3. 流动比率＝流动资产/流动负债、速动比率＝速动资产/流动负债。

考点022　长期偿债能力比率

【★★★一级考点，一般为单选题、多选题、计算题】

公司长期负债的偿还主要是依靠实现的利润。反映公司长期偿债能力的财务比率主要有资产负债率、产权比率和利息保障倍数等。

1. 资产负债率

资产负债率是指公司的负债总额与全部资产总额的比值。

$$资产负债率=\frac{负债总额}{资产总额}\times 100\%$$

资产负债率比率越低，表明公司负债总额占全部资产的比例越小，长期偿债能力越强。

2. 产权比率

产权比率是指公司负债总额与所有者权益总额的比值。

小笔记

$$产权比率=\frac{负债总额}{所有者权益总额}\times 100\%$$

3. 利息保障倍数

利息保障倍数又称已获利息倍数，是指公司一定时期息税前利润与利息费用的比值，用以衡量公司偿还债务利息的能力。

$$利息保障倍数=\frac{息税前利润}{利息费用}$$

“息税前利润”是指利润表中未扣除利息费用和所得税费用之前的利润。它可以用税后利润加所得税费用和利息费用计算得出。

根据经验判断，利息保障倍数指标一般保持在 3～5 时即有较好的偿付利息的能力。

易考点

1. 反映公司长期偿债能力的财务比率主要有资产负债率、产权比率和利息保障倍数等。

2. 资产负债率是指公司的负债总额与全部资产总额的比值。资产负债率比率越低，表明公司负债总额占全部资产的比例越小，长期偿债能力越强。

3. 产权比率是指公司负债总额与所有者权益总额的比值。

考点 023　盈利能力比率

【★★★一级考点，一般为单选题、多选题、计算题】

盈利能力是指公司获得利润的能力。

用来评价公司盈利能力的指标主要有销售毛利率、销售净利率、净资产收益率、总资产收益率、每股净资产、每股收益、市盈率等。

1. 销售毛利率

销售毛利率是销售毛利占营业收入的百分比，其中销售毛利是营业收入减去营业成本的差额。

$$销售毛利率=\frac{营业收入-营业成本}{营业收入}\times 100\%$$

2. 销售净利率

销售净利率是指净利润占营业收入的百分比。

$$销售净利率=\frac{净利润}{营业收入}\times 100\%$$

小笔记

3. 净资产收益率

净资产收益率又称所有者权益报酬率、净资产报酬率或股东权益报酬率。净资产收益率是公司净利润与平均净资产（即平均所有者权益）的比值。

$$净资产收益率=\frac{净利润}{平均净资产}\times 100\%$$

$$平均净资产=\frac{年初净资产+年末净资产}{2}$$

净资产收益率用来衡量公司所有者全部投入资本的获利水平。

4. 总资产收益率

总资产收益率主要用来衡量公司利用全部资产获取利润的能力。

5. 总资产息税前利润率

总资产息税前利润率是公司一定时期的息税前利润总额与平均资产总额的比值。

$$总资产息税前利润率=\frac{息税前利润}{平均资产总额}\times 100\%$$

$$平均资产总额=\frac{年初资产总额+年末资产总额}{2}$$

总资产息税前利润率不受公司资本结构变化的影响，反映了公司利用全部资产进行经营活动的效率。

6. 总资产净利率

总资产净利率是指公司一定时期的净利润与平均资产总额的比值。

$$总资产净利率=\frac{净利润}{平均资产总额}\times 100\%$$

净利润反映了公司所有者获得的剩余收益。

7. 每股收益

每股收益是本年净利润与普通股股数的比值，反映了普通股的获利水平。

$$每股收益=\frac{净利润}{普通股股数}\times 100\%$$

每股收益是衡量上市公司盈利能力最常用的财务指标。

易考点

1. 用来评价公司盈利能力的指标主要有销售毛利率、销售净利率、净资产收益率、总资产收益率、每股净资产、每股收益、市盈率等。（对应公式须记忆）

2. 总资产收益率主要用来衡量公司利用全部资产获取利润的能力。

小笔记

考点024 杜邦分析体系及其应用

【★★★一级考点，一般为单选题、多选题】

1. 杜邦分析法

杜邦分析法是指利用各个主要财务比率之间的内在联系来综合分析评价公司财务状况的方法。

2. 杜邦分析体系反映的财务比率及其相互关系

（1）净资产收益率与总资产净利率及权益乘数之间的关系：

净资产收益率＝总资产净利率×权益乘数

（2）总资产净利率与销售净利率及总资产周转率之间的关系：

总资产净利率＝销售净利率×总资产周转率

（3）销售净利率与净利润及营业收入之间的关系：

$$销售净利率=\frac{净利润}{营业收入}$$

（4）总资产周转率与营业收入及平均资产总额之间的关系：

$$总资产周转率=\frac{营业收入}{平均资产总额}$$

（5）权益乘数与资产负债率之间的关系：

$$权益乘数=\frac{1}{1-资产负债率}$$

3. 净资产收益率

净资产收益率是一个综合性极强、最具代表性的财务比率，它是杜邦分析体系的核心。

4. 提高销售净利率的两种方法

一是开拓市场，增加营业收入；二是加强成本与费用控制，降低耗费，增加利润。

5. 资产周转率

资产周转率是反映运用资产获取营业收入能力的指标。

6. 杜邦分析体系的作用

解释指标变动的原因和变动趋势，为采取措施指明方向。

7. 提高净资产收益率的方法

净资产收益率与公司的筹资结构、销售规模、成本水平、资产管理等因素密切相关，只有协调好这些因素之间的关系，才能使净资产收益率得到提高，从而实现股东财富最大化的目标。

1. 综合分析和评价公司账务状况的方法是杜邦分析法。

2. 净资产收益率是一个综合性极强、最具代表性的财务比率，是杜邦分析体系的核心。

3. 提高销售净利率的两种方法：开拓市场，增加营业收入；加强成本与费用控制，降低耗费，增加利润。

PART 4 难点回顾

- 财务分析的主体包括：股东、债权人、经营者、政府有关管理部门、中介机构。
- 财务分析的内容包括：营运能力分析、偿债能力分析、盈利能力分析、综合财务分析。
- 财务分析法主要有比较分析法和因素分析法。 比较分析法是财务分析中最基本、最常用的方法。
- 反映公司营运能力的财务比率主要有：总资产周转率、流动资产周转率、应收账款周转率和存货周转率等。

  总资产周转率=营业收入/平均资产总额

  流动资产周转率=营业收入/平均流动资产

  应收账款周转率=营业收入/平均应收账款

  存货周转率=营业成本/平均存货
- 反映公司短期偿债能力的财务比率主要有流动比率和速动比率等。

  流动比率=流动资产/流动负债

  速动比率=速动资产/流动负债
- 反映公司长期偿债能力的财务比率主要有资产负债率、产权比率和利息保障倍数等。

  资产负债率=负债总额/资产总额
- 用来评价公司盈利能力的指标主要有销售毛利率、销售净利率、净资产收益率、总资产收益率、每股净资产、每股收益、市盈率等。

过考百科

杜邦分析因最早由美国杜邦公司使用，故名杜邦分析法。美国杜邦公司是一家以科研为基础的全球性企业，提供能提高人类在食物与营养、保健、服装、家居及建筑、电子和交通等生活领域的品质的科学解决之道。2008 年 5 月 14 日，杜邦公司通过中国红十字基金会向灾区紧急捐赠价值 102 万元人民币的 2 万副防切割手套和 3 500 套特种应急救援防护服。2008 年 5 月 24 日，杜邦向中国红十字基金会捐赠 1.4 万箱杜邦医用抗菌擦手湿巾，总量超过 288 万片，价值 25.8 万美元。2019 年 7 月，《财富》世界 500 强排行榜发布，杜邦位列 100 位。

PART 5 真题演练

一、单选题

1.【2015 年 4 月】下列关于速动比率的表述，正确的是（　　）。

A. 速动比率一定大于 1　　B. 速动比率一定小于 1

C. 速动比率一定不大于流动比率　　D. 速动比率一定大于流动比率

2. △【2015 年 4 月】下列选项中，不属于长期偿债能力的财务比率是（　　）。

A. 产权比率　　B. 存货周转率　　C. 资产负债率　　D. 利息保障倍数

3.【2016 年 10 月】资产负债表的编制依据是（　　）。

A. 利润＝收入－费用　　B. 资产＝负债＋所有者权益

C. 现金流量＝净利润＋折旧　　D. 营业利润＝营业收入－营业成本

4. △【2016 年 10 月】某公司 2015 年年末资产总额为 8 000 万元，负债总额为 4 800 万元，所有者权益总额为 3 200 万元，则资产负债率为（　　）。

A. 20%　　B. 40%　　C. 50%　　D. 60%

5.【2017 年 4 月】下列关于企业流动比率的表述，正确的是（　　）。

A. 流动比率越低，短期偿债能力越强　　B. 流动比率越低，长期偿债能力越弱

C. 流动比率越高，长期偿债能力越弱　　D. 流动比率越高，短期偿债能力越强

6. △【2017 年 10 月】某公司 2016 年营业收入为 8 000 万元，平均资产总额为 4 000 万元，该公司的总资产周转率是（　　）。

A. 1 次　　B. 2 次　　C. 3 次　　D. 4 次

7. △【2017 年 10 月】下列选项中，反映公司偿债能力的财务比率是（　　）。

A. 存货周转率　　B. 流动比率　　C. 净资产收益率　　D. 总资产周转率

8. 公司一定时期息税前利润与利息费用的比值，用以衡量公司偿还债务利息的能力的财务指标称为（　　）。

A. 利息保障倍数　　B. 产权比率　　C. 每股收益　　D. 盈余现金保障倍数

二、多选题

1. △【2015 年 4 月】下列反映公司营运能力的财务比率有（　　）。

A. 流动比率　　B. 资产负债率

C. 流动资产周转率　　D. 总资产周转率

E. 应收账款周转率

2.【2017 年 4 月】应用因素分析法进行财务分析，必须注意的问题有（　　）。

A. 权重设置的合理性　　B. 因素替代的顺序性

C. 顺序替代的连环性　　D. 计算结果的假定性

E. 因素分解的关联性

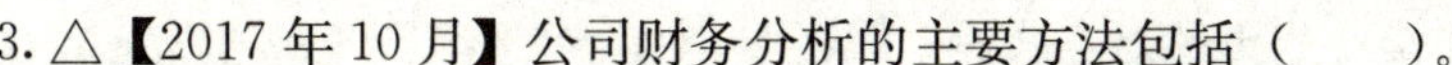
3. △【2017 年 10 月】公司财务分析的主要方法包括（　　）。

A. 因素分析法　　　　B. 制造成本法

C. 作业成本法　　　　D. 比较分析法

E. 变动成本法

易错题

单选题 2、4、6、7，多选题 1、2，需要牢牢掌握知识点，认真审题，避免作答失误。

△表示高频考点。

三、主观题

1. 公司财务分析的主体有哪些？

2. 列出五个衡量公司盈利能力的财务指标。

3. 财务分析的方法有哪些？

4. 某公司 2020 年营业收入为 20 000 万元，净利润为 500 万元，资产负债表数据摘录见下表。（计算结果保留小数点后两位）

相关数据　　　　单位：万元

项目	年初数	年末数
资产	8 000	10 000
负债	4 500	6 000
股东权益	3 500	4 000

要求：

（1）计算杜邦财务分析体系中的下列指标（凡计算指标涉及资产负债表项目数据的，均按平均数计算）：1）净资产收益率；2）销售净利率；3）总资产周转率；4）权益乘数。

（2）列出上述四项指标之间的关系式。

PART 6 答案解析

一、单选题

1. 答案：C

解析：流动比率＝流动资产/流动负债×100%。速动比率＝速动资产/流动负债×100%。由于速动资产是流动资产中变现能力较强的那部分资产，如货币资产、交易性金融资产、应收票据、应收账款等，即速动资产≤流动资产。在分母不变的情况下，分子越小，求得的值越小，因此可以推断出，速动比率一定不大于流动比率，选 C。

2. 答案：B

解析：反映公司长期偿债能力的财务比率主要有资产负债率、产权比率和利息保障倍数等，B不属于反映长期偿债能力的财务比率。

3. 答案：B

解析：资产负债表是根据“资产=负债+所有者（股东）权益”这一会计恒等式来编制的。

4. 答案：D

解析：资产负债率=负债总额/资产总额×100%=4 800/8 000×100%=60%。

5. 答案：D

解析：流动比率越大，表明公司可以变现的资产数额越大，短期债务的偿付能力就越强。

6. 答案：B

解析：总资产周转率=营业收入/平均资产总额=8 000/4 000=2（次）。

7. 答案：B

解析：流动比率是指公司一定时点流动资产与流动负债的比值。流动比率是衡量公司变现能力最常用的比率。流动比率越大，表明公司可以变现的资产数额越大，短期债务的偿付能力就越强。

8. 答案：A

解析：利息保障倍数是指公司一定时期息税前利润与利息费用的比值，用以衡量公司偿还债务利息的能力。

二、多选题

1. 答案：CDE

解析：反映公司营运能力的财务比率主要有总资产周转率、流动资产周转率、应收账款周转率和存货周转率等。故正确选项为CDE。

2. 答案：BCDE

解析：应用因素分析法进行财务分析，必须注意的问题有：因素分解的关联性、因素替代的顺序性、顺序替代的连环性、计算结果的假定性。

3. 答案：AD

解析：财务分析的主要方法包括比较分析法和因素分析法。

三、主观题

1. 公司财务分析的主体有哪些？

答：公司账务分析的主体包括：股东、债权人、经营者、政府有关管理部门、中介机构。

2. 列出五个衡量公司盈利能力的财务指标。

答：衡量公司盈利能力的财务指标有：销售毛利率、销售净利率、净资产收益率、总资产收益率、每股收益。

3. 财务分析的方法有哪些？

答：财务分析的方法如下：

(1) 比较分析法是通过同类财务指标在不同时期或不同情况下的数量上的比较，来揭示指标间差异或趋势的一种方法。

(2) 因素分析法是依据分析指标和影响因素的关系，从数量上确定各因素对指标的影响程度。

4. 某公司2020年营业收入为20 000万元，净利润为500万元，资产负债表数据摘录见下表。(计算结果保留小数点后两位)

相关数据 单位：万元

项目	年初数	年末数
资产	8 000	10 000
负债	4 500	6 000
股东权益	3 500	4 000

要求：

(1) 计算杜邦财务分析体系中的下列指标（凡计算指标涉及资产负债表项目数据的，均按平均数计算)：1) 净资产收益率；2) 销售净利率；3) 总资产周转率；4) 权益乘数。

(2) 列出上述四项指标之间的关系式。

答：

(1) 计算杜邦财务分析体系中的下列指标：

1) 净资产收益率＝净利润/平均净资产×100%＝500/［(3 500＋4 000)/2］≈13.33%。

2) 销售净利率＝净利润/营业收入×100%＝500/20 000＝2.5%。

3) 总资产周转率＝营业收入/平均资产总额＝20 000/［(8 000＋10 000)/2］≈2.22 (次)。

4) 权益乘数＝1/(1－资产负债率)＝［(8 000＋10 000)/2］÷［(3 500＋4 000)/2］＝2.4。

(2) 上述四项指标之间的关系式：

净资产收益率＝销售净利率×总资产周转率×权益乘数

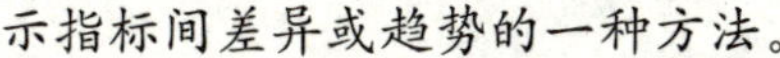

恭喜你完成第三章内容的学习，全书章节进度已完成3/10。永远清楚，不是只有你一个人在努力。在此，记录下你的学习心得吧。

第四章　利润规划与短期预算

备考指南

通过本章的学习，你应掌握本量利分析的基本原理；掌握保本点预测分析和安全边际的计算；掌握利润的敏感性分析；理解全面预算的作用和全面预算体系的内容；掌握日常业务预算和财务预算的编制方法。本章重要程度为★★，多以单选题、计算题形式出现，少数以简答题、多选题、案例分析题考核。复习时，要重点关注盈亏临界点的计算、安全边际与安全边际率的计算。

学习目标

通过本章的学习，你将掌握以下知识点：

1. 成本性态分析、盈亏临界点的计算与分析。
2. 安全边际与安全边际率的计算。
3. 实现目标利润的影响因素分析。
4. 敏感性分析、日常业务预算和财务预算的编制。

PART 1 本章知识宝图

本章共两小节，分别用星标做重要程度标注，★★★为高频考点，★★为中频考点，★为一般考点，可循序渐进复习。

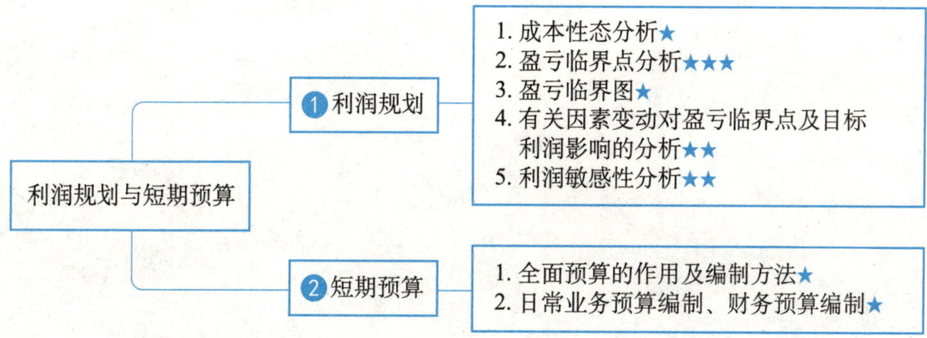

PART 2 名师伴读

名师伴读，码上听课

本视频包含《财务管理学》中的利润规划的分析方法和短期预算等。

登录 www. rdlearning. cn 观看完整内容。

PART 3 高频考点

考点 025　成本性态分析

小笔记

【★三级考点，一般为多选题、单选题】

1. 成本性态

成本性态也称成本习性，是指成本与业务量的依存关系。

2. 固定成本

固定成本是指其总额在一定时期或一定产量范围内，不直接受产量变动的影响而保持固定不变的成本。例如，按直线法计提的厂房、机器设备的折旧费，管理人员的月工资，财产保险费，广告费，职工培训费，租金，等等。

由于其总额不受产量变动的影响，因而其单位成本与产量呈反比例变动的关系，即随着产量的增加，单位产品分摊的固定成本份额相对减少。

小笔记

3. 变动成本

变动成本是指在一定期间和一定业务量范围内其总额随着业务量的变动而成正比例变动的成本。

4. 混合成本

混合成本，顾名思义，是指那些“混合”了固定成本和变动成本的成本。

5. 总成本模型

$$TC = FC + V_C \times Q$$

式中，TC 为总成本；FC 为固定成本；V_C 为单位变动成本；Q 为销售量。

易考点

按成本性态，可以将公司的全部成本划分为固定成本、变动成本、混合成本。

考点 026　盈亏临界点分析

【★★★一级考点，一般为单选题、计算题】

1. 盈亏临界

盈亏临界是指公司经营达到不盈不亏的状态。

2. 计算盈亏临界点的基本模型

设 Q 为销售量，P 为销售单价，V_C 为单位变动成本，FC 为固定成本，m 为单位边际贡献，M 为边际贡献总额，$EBIT$ 为息税前利润，即公司尚未扣除利息费用和所得税费用之前的利润。息税前利润的计算公式为：

$$EBIT = Q \times (P - V_C) - FC$$

盈亏临界点就是使公司息税前利润等于零时的销售量，即：

$$Q \times (P - V_C) - FC = 0$$

所以，$Q = FC/(P - V_C)$ 或 $Q = FC/m$。

3. 安全边际与安全边际率

所谓安全边际，就是指正常销售超过盈亏临界点销售的差额，这个差额标志着公司销售下降多少才会发生亏损。安全边际有绝对数与相对数两种表现形式，即安全边际和安全边际率。

安全边际＝正常销售量（额）－盈亏临界点销售量（额）

小笔记

$$安全边际率=\frac{安全边际量（额）}{正常销售量（额）}\times100\%$$

销售利润率＝安全边际率×边际贡献率

$$盈亏临界点作业率=\frac{盈亏临界点销售量}{正常销售量}\times100\%$$

1－盈亏临界点作业率＝安全边际率

4. 实现目标利润的模型

$$实现目标利润的销售量=\frac{目标利润+固定成本}{单位边际贡献}$$

易考点

1. 盈亏临界是指公司经营达到不盈不亏的状态。盈亏临界点就是使公司息税前利润等于零时的销售量，即 $Q\times(P-V_C)-FC=0$。

2. 安全边际是指正常销售超过盈亏临界点销售的差额。安全边际有绝对数与相对数两种表现形式，即安全边际和安全边际率。

3. 实现目标利润的销售量＝(目标利润＋固定成本)/单位边际贡献。

考点 027　盈亏临界图

【★三级考点，单选题、多选题、简答题】

盈亏临界图是指围绕盈亏临界点，将影响公司利润的有关因素及其相应关系集中在一张图上，形象而具体地表现出来。利用盈亏临界图有助于决策者在经营管理工作中提高预见性和主动性。

盈亏临界图可根据不同目的及掌握的不同资料而绘制，通常有基本式、边际贡献式、量利式三种。

易考点

盈亏临界图可根据不同目的及掌握的不同资料而绘制，通常有基本式、边际贡献式、量利式三种。

考点 028　有关因素变动对盈亏临界点及目标利润影响的分析

【★★二级考点，计算题】

(1) 可以通过提高销售单价或降低成本等方法来降低盈亏临界点，以

小笔记

避免亏损或减少亏损。

(2) 单价越高，销售总收入线的斜率越大，盈亏临界点越低，同样的销售量实现的利润就越多，或亏损越少；单价越低，销售总收入线的斜率越小，盈亏临界点越高，同样的销售量实现的利润就越少，或亏损越多。

(3) 激烈的市场竞争迫使公司必须依靠降低产品成本来保持或增加利润水平。降低单位变动成本即为主要的方法之一。

(4) 若单位变动成本增加，则新的总成本线的斜率大于原来的变动成本线，使盈亏临界点提高。

(5) 若减少固定成本，则会使盈亏临界点下降，若增加固定成本，则反之。

易考点

可以通过提高销售单价或降低成本等方法来降低盈亏临界点，以避免亏损或减少亏损。

考点029 利润敏感性分析

【★★二级考点，计算题】

1. 利润敏感性分析

利润敏感性分析是指从众多的影响因素中找出对利润有重要影响的敏感性因素，并分析、测算其对利润的影响程度和敏感程度的一种分析方法。

2. 影响利润的主要因素

影响利润的主要因素有销售单价、单位变动成本、销售量和固定成本总额。销售量与销售单价的最小允许值和单位变动成本与固定成本总额的最大允许值，就是盈亏临界值。

$$EBIT = Q\times(P-V_C)-FC$$

当 $EBIT=0$ 时，便可求得盈亏临界点。

3. 因素排序

将四个因素按其敏感系数（绝对值）大小排列，依次是：销售单价(5)、单位变动成本（−3)、销售量（2)、固定成本（−1)。即对利润影响程度最大的是销售单价，影响程度最小的是固定成本。其中，敏感系数为正（负）值，表明它与利润同（反）向变动。

小笔记

1. 利润敏感性分析是指从众多的影响因素中找出对利润有重要影响的敏感性因素，并分析、测算其对利润的影响程度和敏感程度的一种分析方法。

2. $EBIT=Q\times(P-V_C)-FC$，当 $EBIT=0$ 时，可求得盈亏临界点。

考点030 全面预算的作用及编制方法

【★三级考点，一般为单选题、简答题】

（1）全面预算反映的是公司未来某一特定时期的全部生产情况、经营活动的财务计划。它以销售预测为起点，进而对生产、成本及现金收支等各个方面进行预算，并在这些预算的基础上，编制出一套预计资产负债表、预计利润表等预计财务报表及其附表，以反映公司在未来期间的财务状况和经营成果。

（2）编制全面预算的作用包括：明确各部门的奋斗目标，控制各部门的经济活动；协调各部门的工作；考核各部门的业绩。

（3）全面预算是全方位地规划公司计划期的经济活动及其成果，为公司和职能部门明确目标和任务的预算体系。

（4）通常一个完整的全面预算应包括特种决策预算、日常业务预算和财务预算三大类内容。

特种决策预算最能直接体现决策的结果，它实际上是选中方案的进一步规划。

日常业务预算是指与公司日常经营活动直接相关的经营业务的各种预算。具体包括销售预算、生产预算、直接材料预算、直接人工预算、制造费用预算、产成品预算、销售及管理费用预算等。

财务预算是与公司现金收支、经营成果和财务状况有关的各种预算。

（5）固定预算又称静态预算，是根据预算期内正常的可能实现的某一业务活动水平而编制的预算。

（6）弹性预算就是在成本性态分析的基础上，依据业务量、成本和利润之间的关系，按照预算期内可预见的各种业务量而编制不同水平的预算。

（7）增量预算是以基期现有的水平为基础，根据预算期业务量水平及有关影响因素的变动情况，通过调整基期项目和数额而编制的预算。

(8) 零基预算就是以零为基数编制的预算。

零基预算的优点：合理、有效地进行资源分析；有助于公司内部进行沟通与协调，激发各基层单位参与预算编制的积极性和主动性；目标明确，可区别方案的轻重缓急；有助于提高管理人员的投入产出意识。

(9) 定期预算是以固定不变的会计期间作为预算期间编制预算的方法。

(10) 滚动预算是在上期预算完成情况的基础上，调整和编制下期预算，并将预算期间连续向后滚动，使预算期间保持一定的时期跨度。

易考点

1. 全面预算反映的是公司未来某一特定时期的全部生产情况、经营活动的财务计划。它以销售预测为起点。

2. 通常一个完整的全面预算应包括特种决策预算、日常业务预算和财务预算三大类内容。

3. 日常业务预算是指与公司日常经营活动直接相关的经营业务的各种预算。具体包括销售预算、生产预算、直接材料预算、直接人工预算、制造费用预算、产成品预算、销售及管理费用预算等。

考点 031　日常业务预算编制、财务预算编制

【★三级考点，一般为单选题、计算题】

(1) 公司日常业务预算的编制通常要以销售预算为出发点，生产、材料采购、存货、费用等方面的预算，都要以销售预算为基础。

预计销售收入＝预计销售量×预计销售单价

(2) 生产预算是在销售预算的基础上编制的，根据预计的销售量和预计的期初、期末产成品存货量，按产品分别计算出每一个产品的预计生产量，其计算公式为：

$$预计生产量=预计销售量+预计期末产成品存货-预计期初产成品存货$$

(3) 预计生产量确定以后，按照单位产品的直接材料消耗量，同时考虑预计的期初、期末的材料存货量，便可以编制直接材料预算。

(4) 与直接材料预算相同，直接人工预算也要以生产预算为基础编制。

(5) 制造费用预算是除直接材料和直接人工以外的其他所有产品成本

小笔记

的计划。制造费用按其成本性态分为变动制造费用和固定制造费用两部分。

（6）产品成本预算是指销售预算、生产预算、直接材料预算、直接人工预算、制造费用预算的汇总。其主要内容是产品的单位成本和总成本。

（7）销售与管理费用预算包括预期内将发生的各项经营性的期间费用。

（8）财务预算是企业的综合预算，包括现金预算、预计利润表和预计资产负债表。

（9）预计利润表是在上述各经营预算的基础上，按照权责发生制原则进行编制的。

（10）预计资产负债表反映公司预算期末各账户的预计余额。

易考点

1. 生产预算是在销售预算的基础上编制的，根据预计的销售量和预计的期初、期末产成品存货量，按产品分别计算出每一个产品的预计生产量，其计算公式为：预计生产量＝预计销售量＋预计期末产成品存货－预计期初产成品存货。

2. 制造费用预算是除直接材料和直接人工以外的其他所有产品成本的计划。

3. 产品成本预算是指销售预算、生产预算、直接材料预算、直接人工预算、制造费用预算的汇总。其主要内容是产品的单位成本和总成本。

PART 4 难点回顾

- 成本性态也称成本习性，是指成本与业务量的依存关系。
- 盈亏临界指公司经营达到不盈不亏的状态。盈亏临界点就是使公司息税前利润等于零时的销售量，即 $Q\times(P-V_C)-FC=0$。
- 安全边际指正常销售超过盈亏临界点销售的差额。
- 安全边际＝正常销售量（额）－盈亏临界点销售量（额）。
- 安全边际率＝安全边际量（额）/正常销售量（额）×100%。
- 日常业务预算是指与公司日常经营活动直接相关的经营业务的各种预算。具体包括销售预算、生产预算、直接材料预算、直接人工预算、制造费用预算、产成品预算、销售及管理费用预算等。

过考百科

英国轮胎与橡胶公司（BTR）是一家业务范围广泛且销售额达 90 亿英镑的公司。通过并购活动，其业务范围已延伸到电力输送、电动机、材料加工、柴油发动机、航空、建筑、控制系统等 12 个行业。BTR 探索建立在利润规划基础上的预算管理体系，以便对众多的业务部门进行监督并推进价值创造。BTR 的利润规划流程始于每年的 7 月份，此时公司总部向其 1 300 个利润中心发布公司整体的各项经营指标指南。各利润中心在制定和执行自己的战略方面享有高度的自由，相应地，也要对战略执行的结果高度负责。利润中心的管理者制订详细的利润规划时，不考虑以往年度利润的实现情况。

BTR 的以利润规划为基础的预算系统具有这样的特点：预算是通过自下而上和自上而下的方式制定的，便于上下级之间统一认识，便于业务单位形成良好的团队意识，确保了预算的激励性和可行性；整个预算不是以产量、成本、销售额为导向的，而是以利润为导向，这有利于企业价值的创造。

PART 5 真题演练

一、单选题

1. △【2015 年 4 月】在上期预算完成的基础上，调整和编制下期预算，并将预算期间向后推移，使预算期间保持一定的时期跨度，这种预算是（　　）。

A. 零基预算　　B. 定期预算　　C. 滚动预算　　D. 固定预算

2. 【2015 年 10 月】下列与盈亏平衡分析有关的计算公式中，正确的是（　　）。

A. 盈亏临界点作业率＋安全边际率＝1

B. 盈亏临界点作业率×安全边际率＝1

C. 安全边际率÷边际贡献率＝销售利润率

D. 安全边际率＋边际贡献率＝销售利润率

3. △【2016 年 4 月】编制全面预算的起点是（　　）。

A. 现金预算　　B. 销售预算　　C. 生产预算　　D. 直接材料预算

4. 【2016 年 4 月】在利润敏感性的分析中，销售单价的敏感系数为 5，单位变动成本的敏感系数为－3，销售量的敏感系数为 2，固定成本的敏感系数为－1。根据四个敏感系数，对利润影响最大的因素是（　　）。

A. 销售量　　B. 销售单价　　C. 固定成本　　D. 单位变动成本

5. △【2016 年 10 月】某公司 2015 年度 A 产品的产销刚好处于盈亏平衡状态，固定成本总额 1 000 万元，变动成本总额 2 500 万元，则盈亏临界点的销售收入为（　　）万元。

A. 1 000　　B. 1 500　　C. 2 500　　D. 3 500

6. △【2016年10月】下列各项中，不属于日常业务预算的是（ ）。

A. 销售预算 B. 资本支出预算 C. 直接材料预算 D. 制造费用预算

7.【2017年10月】在一定产量范围内，关于固定成本和变动成本的表述，正确的是（ ）。

A. 单位固定成本随产量增加而增加 B. 单位变动成本随产量增加而增加

C. 单位固定成本随产量增加而减少 D. 单位变动成本随产量增加而减少

易错题

单选题1、2，需要牢牢掌握知识点，认真审题，避免作答失误。

△表示高频考点。

二、主观题

1. 生产一种产品，产销平衡。产品售价为20元/件，单位变动成本为12元/件，全年固定成本为400 000元。公司的目标利润为240 000元。(计算结果保留小数点后两位)

要求：

(1) 计算该产品盈亏临界点的销售量。

(2) 计算实现目标利润的销售量。

(3) 若该公司正常销量为76 000件，计算安全边际量及安全边际率。

2. 某公司只生产甲产品，2019年部分财务数据如下表所示。(计算结果保留小数点后两位)

2019年部分财务数据 单位：元

项目	金额
销售收入（销售单价6元/件）	480 000
销售收入（销售单价4元/件）	320 000
边际贡献	160 000
固定成本	80 000

要求：

(1) 计算甲产品的边际贡献率。

(2) 计算甲产品盈亏临界点的销售量和销售额。

(3) 如果目标利润为60 000元，计算实现目标利润的销售量。

PART 6 答案解析

一、单选题

1. 答案：C

解析：滚动预算是在上期预算完成情况的基础上，调整和编制下期预算，并将预算期间连续向后滚动，使预算期间保持一定的时期跨度。故正确选项为C。

2. 答案：A

解析：1－盈亏临界点作业率＝安全边际率，故盈亏临界点作业率＋安全边际率＝1，所以选A。

3. 答案：B

解析：全面预算反映的是公司未来某一特定时期的全部生产情况、经营活动的财务计划。它以销售预测为起点，进而对生产、成本及现金收支等各个方面进行预算，并在这些预算的基础上，编制出一套预计资产负债表、预计利润表等预计财务报表及其附表，以反映公司在未来期间的财务状况和经营成果。

4. 答案：B

解析：四个因素按其敏感系数（绝对值）大小排列，依次是：销售单价（5）、单位变动成本（—3）、销售量（2）、固定成本（—1）。即对利润影响程度最大的是销售单价，影响程度最小的是固定成本。其中，敏感系数为正（负）值，表明它与利润同（反）向变动。

5. 答案：D

解析：盈亏临界点就是使公司息税前利润等于零时的销售量，即$Q\times(P-V_C)-FC=0$，其中Q为销售量，P为销售单价，V_C为单位变动成本，FC为固定成本。将数字代入公式得：$QP-2\,500=1\,000$，$QP=3\,500$。本题解题思路：公式中Q、P、V_C为单位量，给定值为总量。

6. 答案：B

解析：日常业务预算是指与公司日常经营活动直接相关的经营业务的各种预算。具体包括销售预算、生产预算、直接材料预算、直接人工预算、制造费用预算、产成品预算、销售及管理费用预算等。

7. 答案：C

解析：固定成本是指其总额在一定时期或一定产量范围内，不直接受产量变动的影响而保持固定不变的成本。由于其总额不受产量变动的影响，因而其单位成本与产量呈反比例变动的关系，即随着产量的增加，单位产品分摊的固定成本份额相对减少。

二、主观题

1. 生产一种产品，产销平衡。产品售价为20元/件，单位变动成本为12元/件，全年固定成本为400 000元。公司的目标利润为240 000元。（计算结果保留小数点后两位）

要求：

（1）计算该产品盈亏临界点的销售量。

（2）计算实现目标利润的销售量。

（3）若该公司正常销量为76 000件，计算安全边际量及安全边际率。

答：

（1）盈亏临界点的销售量＝400 000/(20－12)＝50 000（件）。

（2）实现目标利润销售量＝(400 000＋240 000)/(20－12)＝80 000（件）。

（3）安全边际量＝76 000－50 000＝26 000（件）。

安全边际率＝26 000/76 000×100%＝34.21%。

2. 某公司只生产甲产品，2019 年部分财务数据如下表：(计算结果保留小数点后两位)

2019 年部分财务数据　　单位：元

项目	金额
销售收入（销售单价 6 元/件）	480 000
销售收入（销售单价 4 元/件）	320 000
边际贡献	160 000
固定成本	80 000

要求：

（1）计算甲产品的边际贡献率。

（2）计算甲产品盈亏临界点的销售量和销售额。

（3）如果目标利润为 60 000 元，计算实现目标利润的销售量。

答：

（1）边际贡献率＝160 000÷480 000＝33.33%。

（2）盈亏临界点销售量＝80 000÷(6－4)＝40 000（件）。

盈亏临界点销售额＝40 000×6＝240 000（元）。

（3）实现目标利润的销售量＝(60 000＋80 000)÷(6－4)＝70 000（件）。

恭喜你完成第四章内容的学习，全书章节进度已完成 4/10。书读得越多而不加思考，你就会觉得你知道得很多；而当你读书且思考得越多的时候，你就会越清楚地看到，你知道得很少。在此，记录下你的学习心得吧。

第五章　长期筹资方式与资本成本

备考指南

通过本章的学习，你应理解筹资的含义与分类；掌握筹资数量预计的销售百分比法；理解吸收直接投资的方式与优缺点；理解普通股和优先股股东享有的权利及筹资的优缺点；理解长期借款的保护性条款；掌握债券发行价格的确定方法；掌握融资租赁租金的计算；理解资本成本的概念和影响资本成本的因素；掌握个别资本成本与综合资本成本的计算；熟悉边际资本成本的计算。本章重要程度为★★，多以单选题、计算题形式出现，部分以多选题、简答题形式出现。复习中，需要牢记一些分类、优缺点，可充分利用书中“小笔记”部分协助书写总结。

学习目标

通过本章的学习，你将掌握以下知识点：

1. 采用销售百分比法预测外部资本需要量。

2. 权益资本筹集的形式及特点。

3. 长期债务资本筹集的形式及特点。

4. 个别资本成本、加权平均资本成本和边际资本成本的计算。

5. 销售百分比法预测外部资本需要量、债券发行价格的确定和边际资本成本的计算。

PART 1 本章知识宝图

本章共四小节，分别用星标做重要程度标注，★★★为高频考点，★★为中频考点，★为一般考点，四级考点为补充考点，可循序渐进复习。

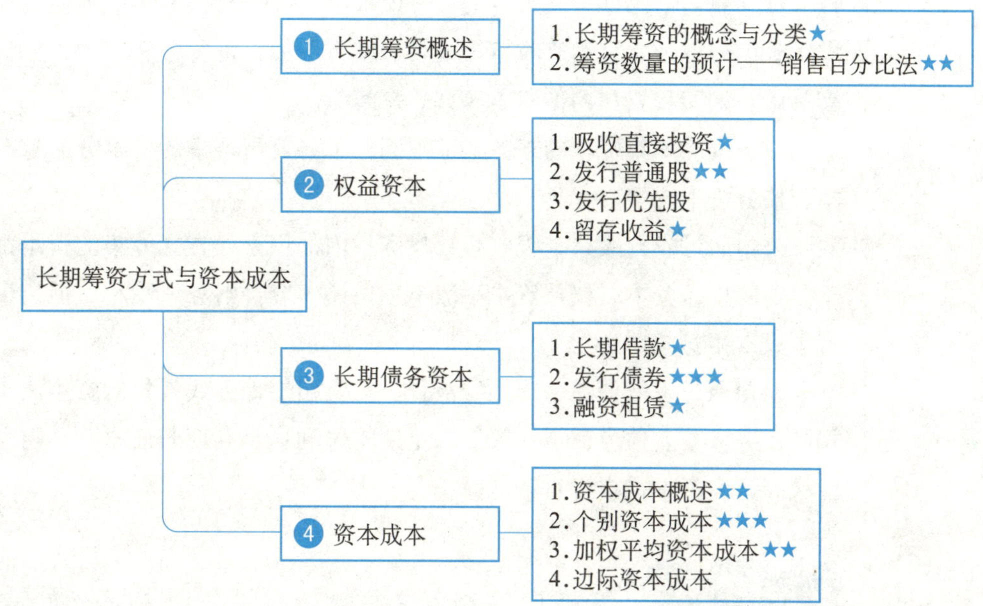

PART 2 名师伴读

名师伴读，码上听课

本视频包含《财务管理学》中的筹资的分类、债务资本等。

登录 www. rdlearning. cn 观看完整内容。

PART 3 高频考点

考点 032　长期筹资的概念与分类

【★三级考点，一般为单选题、多选题】

1. 公司筹资

公司筹资是根据公司生产经营、对外投资和调节资本结构等需要，通过筹资渠道和金融市场，运用筹资方式，经济有效地筹集资本的活动，也是公司从资本供应者那里取得生产经营活动资本的一项基本的财务活动。

小笔记

2. 公司筹资的分类

（1）按照筹集资本使用期限的长短，可把公司筹集的资本分为短期资本与长期资本。

短期资本一般是指供一年以内使用的资本。短期资本通常采用短期银行借款、商业信用等方式来筹集。长期资本一般是指供一年以上使用的资本。**长期资本通常采用吸收直接投资、发行股票、发行公司债券、银行长期借款、融资租赁和内部积累等方式来筹集。**

（2）按照筹集资本的来源渠道不同，可将公司筹集的资本分为权益资本和债务资本。

公司通过发行股票、吸收直接投资、内部积累等方式筹集的资本都属于公司的权益资本。权益资本一般不用偿还本金，财务风险小，但付出的资本成本相对较高。

公司通过发行债券、向银行借款、融资租赁等方式筹集的资本属于公司的债务资本。债务资本一般要求定期支付利息，到期归还本金，财务风险较高，但资本成本相对较低。

易考点

1. 公司筹资的分类：短期资本与长期资本（按筹集资本使用期限的长短）；权益资本和债务资本（按筹集资本的来源渠道不同）。

2. 长期资本通常采用吸收直接投资、发行股票、发行公司债券、银行长期借款、融资租赁和内部积累等方式来筹集。

考点 033　筹资数量的预计——销售百分比法

【★★二级考点，一般为单选题、计算题】

销售百分比法假设经营资产和经营负债与销售收入存在稳定的百分比关系，根据预计的销售收入和相应的百分比预计经营资产和经营负债，然后确定筹资需求的一种财务预测方法。

销售百分比法始于销售预测，这是财务预测最为关键的一步。

1. 根据销售总额确定外部筹资需求

$$变动项目销售百分比=\frac{基期变动项目金额}{基期销售收入}$$

2. 根据销售增加额确定外部筹资需求

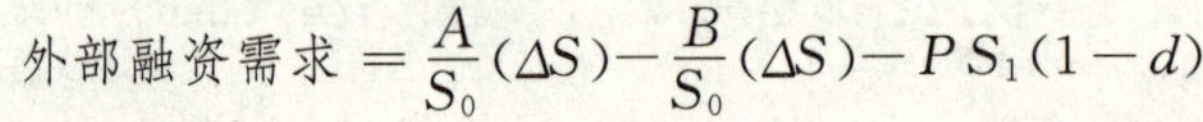

$$外部融资需求=\frac{A}{S_0}(\Delta S)-\frac{B}{S_0}(\Delta S)-PS_1(1-d)$$

式中，A 为随销售变化的资产；B 为随销售变化的负债；S_0 为基期销售额；S_1 为预测期销售额；ΔS 为销售变动额；P 为销售净利率；d 为股利支付率。

小笔记

3. 外部筹资需求的敏感性分析

外部筹资需求的多少，不仅取决于销售额的增长，还要看股利支付率和销售净利率。在净利润大于零的情况下，股利支付率越高，外部筹资需求越大；在股利支付率小于1的情况下，净利润越大，外部筹资需求越少。

易考点

销售百分比法假设经营资产和经营负债与销售收入存在稳定的百分比关系。

考点034 吸收直接投资

【★三级考点，单选题】

1. 筹集长期资本的途径

筹集长期资本有两个途径：一个是借入长期负债，即长期债务筹资；另一个是筹集权益资本。权益资本的筹集途径一般包括吸收直接投资、发行股票和留存收益。

2. 吸收直接投资

吸收直接投资是指非股份制公司以协议等形式吸收国家、法人和个人直接投入资本的一种筹资方式。

3. 吸收直接投资的种类

国家投资、法人投资、个人投资。

4. 吸收直接投资的方式

现金投资、实物投资、工业产权投资、土地使用权投资。

5. 吸收直接投资的优缺点

吸收直接投资的优点：增强公司信誉、快速形成生产能力、降低财务风险。

吸收直接投资的缺点：资本成本高、可能分散公司的控制权。

易考点

筹集长期资本有两个途径：一个是借入长期负债；另一个是筹集权益资本。

小笔记

考点 035　发行普通股

【★★二级考点，单选题、多选题】

1. 普通股

普通股是指在公司的经营管理和盈利及财产的分配上享有普通权利的股份，代表满足所有债权偿付要求及优先股东的收益权与求偿权要求后对公司盈利和剩余财产的索取权，它是公司资本的基础，是股票的一种最基本形式。

2. 普通股股东的权利

经营参与权、收益分配权、出售或转让股份权、认股优先权、剩余财产要求权。

3. 普通股筹资的优缺点

普通股筹资的优点：没有固定的股利负担；没有固定的到期日，无须偿还；能增强公司的荣誉；筹资限制少。

普通股筹资的缺点：资本成本较高；容易分散公司的控制权；可能会降低普通股的每股净收益，从而引起股价下降。

易考点

普通股股东的权利：经营参与权、收益分配权、出售或转让股份权、认股优先权、剩余财产要求权。

考点 036　发行优先股

【四级考点，单选题、多选题】

1. 优先股

优先股是指在一般规定的普通种类股份之外，另行规定的其他种类股份，其股份持有人优先于普通股股东分配公司的利润和剩余财产，但参与公司决策管理等权利受到限制。

2. 优先股股东享有的权利

优先分配利润、优先分配剩余财产、优先股的转换和回购、优先股的表决权。

3. 优先股筹资的优缺点

优先股筹资的优点：没有固定到期日，不用偿还本金；股息支付既固定又有一定弹性；有利于增强公司信誉。

优先股筹资的缺点：筹资成本高、财务负担重。

小笔记

考点 037　留存收益

【★三级考点，单选题、多选题、简答题】

1. 留存收益

留存收益是指公司从历年实现的利润中提取或留存于公司的内部积累，它来源于公司的生产经营活动所实现的净利润，包括公司的公积金和未分配利润两个部分。

2. 留存收益筹资的优点

留存收益筹资的优点：资本成本低；不会分散控制权；增强公司的信誉。

考点 038　长期借款

【★三级考点，单选题、多选题、简答题】

1. 长期借款

长期借款是指公司向银行或其他非银行金融机构借入的使用期超过一年的借款，主要用于购建固定资产和满足长期流动资本占用的需要。

2. 长期借款的利率

长期借款利率的大小取决于金融市场的供求状况、借款期限、抵押品的流动性以及公司的信誉等因素。长期借款利率有固定利率和浮动利率两种。

（1）固定利率是指借贷双方找出一家风险类似于借款公司的其他公司，以该公司发行的期限与长期借款期限相同的债券利率作为参考，确定长期借款利率，利率一经确定，不得随意改变。

（2）浮动利率是指在长期借款的期限内，利率可以根据具体情况进行调整，一般根据金融市场的行情每半年或一年调整一次，或在贷款协议中规定根据金融市场的变动情况随时调整，借款公司尚未偿还的本金则按调整后的利率计算利息。

3. 长期借款筹资的优缺点

长期借款筹资的优点：筹资速度快；借款弹性较大；借款成本较低。

长期借款筹资的缺点：财务风险较高；限制性条款比较多。

考点 039　发行债券

【★★★一级考点，单选题、多选题、计算题、简答题】

1. 债券

债券是发行人依照法定程序发行，约定在一定期限内还本付息的有价证券。

小笔记

2. 债券的种类

按债券上是否记有持券人的姓名或名称，分为记名债券和无记名债券。

按能否转换为公司股票，分为可转换债券和不可转换债券。

按有无特定的财产担保，分为抵押债券和信用债券。抵押债券，按抵押品的不同又可以分为一般抵押债券、不动产抵押债券、动产抵押债券和证券信用抵押债券。

按是否参加公司盈余分配，分为参加公司债券和不参加公司债券。

按照偿还方式，分为一次到期债券和分期到期债券。

3. 债券的发行价格

平价是指以债券的票面金额为发行价格；溢价是指以高出债券票面金额的价格为发行价格；折价是指以低于债券票面金额的价格为发行价格。

在不考虑发行费用，且分期支付利息、到期还本的情况下，债券发行价格的一般计算公式为：

$$债券发行价格=\frac{债券面值}{(1+市场利率)^n}+\sum_{t=1}^{n}\frac{债券面值\times 票面利率}{(1+市场利率)^t}$$

式中，n 为债券期限；t 为付息期数。

4. 债券的信用等级

债券的信用等级反映了债券违约风险的大小。

5. 债券筹资的优缺点

债券筹资的优点：资本成本低于普通股；可产生财务杠杆作用；保障股东的控制权。

债券筹资的缺点：增加企业的财务风险；限制条件多。

易考点

1. 债券的种类

分为记名债券和无记名债券（按债券上是否记有持券人的姓名或名称）；

分为可转换债券和不可转换债券（按能否转换为公司股票）；

分为抵押债券和信用债券（按有无特定的财产担保）；

分为参加公司债券和不参加公司债券（按是否参加公司盈余分配）；

分为一次到期债券和分期到期债券（按偿还方式）。

2. 债券筹资的优缺点

债券筹资的优点：资本成本低于普通股；可产生财务杠杆作用；保障股东的控制权。

债券筹资的缺点：增加企业的财务风险；限制条件多。

考点 040　融资租赁

小笔记

【★三级考点，单选题】

1. 融资租赁和经营租赁的区别

融资租赁和经营租赁的区别，如表 5 - 1 所示。

表 5 - 1　融资租赁和经营租赁的区别

项目	融资租赁	经营租赁
租赁程序	由承租人向出租人提出正式申请，由出租人融通资本引进承租人所需设备，然后再租给承租人使用	承租人可随时向出租人提出租赁资产的要求
租赁期限	租赁期较长，一般为租赁资产寿命的 75%以上	租赁期短，不涉及长期而固定的义务
合同约束	租赁合同稳定。在租期内，承租人必须连续支付租金，非经双方同意，中途不得退租	租赁合同灵活，在合理限制条件范围内，可以解除租赁契约
租赁期满的资产处置	租赁期满后，租赁资产的处置有三种方法可供选择：将设备作价转让给承租人；由出租人收回；延长租期续租	租赁期满后，租赁资产一般要归还出租人
租赁资产的维修保养	租赁期内，出租人一般不提供维修和保养设备方面的服务	租赁期内，出租人提供设备保养、维修、保险等服务

2. 融资租赁的租金

融资租赁的租金包括设备价款和租息两部分。

(1) 设备价款是租金的主要内容，它由设备的买价、运杂费和途中保险费等构成。

(2) 租息又可分为租赁公司的筹资成本和租赁手续费等。筹资成本是指租赁公司为购买租赁设备所筹资本的成本，即设备租赁期间的利息。租赁手续费包括租赁公司承办租赁设备的营业费用和一定的盈利。租赁手续费的高低一般无固定标准，可由承租人与租赁公司协商确定。

实务中，承租人与租赁公司商定的租金支付方式，大多为后付等额年金。利用等额年金法计算租金，就是运用年金现值原理计算每期应付租金。

3. 融资租赁的优缺点

融资租赁的优点：能迅速获得所需资产；融资租赁筹资限制较少；税收效应；维持公司的信用能力；减少固定资产陈旧过时的风险。

融资租赁筹资的缺点：资本成本较高；承租人在财务困难时期，固定

小笔记

的租金支付会构成一项沉重的财务负担。

易考点

租息分为租赁公司的筹资成本和租赁手续费等。筹资成本是指租赁公司为购买租赁设备所筹资本的成本。

考点041 资本成本概述

【★★二级考点，单选题、多选题、简答题】

1. 资本成本

资本成本是公司筹集和使用资本的代价。

资本成本包括两部分：一是筹资费用，即公司在筹集资本过程中所支付的各种费用；二是用资费用，即公司在使用资本过程中支付的费用。

2. 影响资本成本的因素

资本成本的影响因素主要有：资本市场供求关系、证券市场条件、公司内部经营风险和资本结构等。

3. 资本成本的作用

资本成本是评价投资决策可行性的主要经济标准；资本成本是选择筹资方式和拟定筹资方案的重要依据；资本成本是评价公司经营成果的依据；资本成本是公司用于评价投资项目可行性的“取舍率”。

易考点

资本成本包括筹资费用和用资费用两部分。

考点042 个别资本成本

【★★★一级考点，单选题、多选题、计算题】

资本成本按用途不同，可以分为个别资本成本、加权平均资本成本和边际资本成本。个别资本成本主要用来比较不同的筹资方式；加权平均资本成本主要用来进行资本结构决策；边际资本成本主要在筹集资本时用于追加筹资决策。

个别资本成本是指使用各种长期资本的成本，包括长期借款资本成本、长期债券资本成本、优先股资本成本、留存收益资本成本和普通股资本成本等。

小笔记

1. 长期借款资本成本

长期借款资本成本包括借款利息和筹资费用。借款利息计入税前成本费用，可以起到抵税的作用。

分期付息、到期一次还本的长期借款资本成本的计算公式为：

$$K_L=\frac{I_t(1-T)}{L(1-F_L)}$$

式中，K_L为长期借款资本成本；I_t为长期借款年利息；T为公司所得税税率；L为长期借款筹资额（借款本金）；F_L为长期借款筹资费用率。

上述公式可以改为以下形式：

$$K_L=\frac{R_L(1-T)}{L(1-F_L)}$$

式中，R_L为长期借款的年利率。

当长期借款的筹资费用（主要是借款的手续费）很小时，可以忽略不计。

如果对长期借款资本成本计算结果精确度要求比较高，则需要考虑用时间价值方法确定长期借款的税前资本成本，再进而计算税后资本成本。计算公式为：

$$L\times(1-F_L)=\sum_{t=1}^{n}\frac{I_t}{(1+K)^t}+\frac{L}{(1+K)^t}$$

$$K_L=K\times(1-T)$$

式中，L为第n年末应偿还的本金；K为长期借款的税前资本成本。

2. 长期债券资本成本

长期债券资本成本主要是指债券利息和筹资费用。长期债券的筹资费用包括债券申请手续费、注册费、印刷费、推销费等，其数额一般比较高，在计算资本成本时一般不可以省略。

分期付息、到期一次还本的长期债券，其资本成本的计算公式为：

$$K_B=\frac{I_B(1-T)}{B(1-F_B)}$$

式中，K_B为长期债券资本成本；I_B为长期债券年利息；T为公司所得税税率；B为长期债券筹资额；F_B为长期债券筹资费用率。

如果公司平价发行债券，上述公式可简化为：

$$K_B=\frac{R_B(1-T)}{1-F_B}$$

式中，R_B为长期债券的票面利率。

如果对长期债券资本成本计算结果精确度要求较高，计算公式为：

小笔记

$$B\times(1-F_B)=\sum_{t=1}^{n}\frac{I_B}{(1+K)^t}+\frac{P}{(1+K)^t}$$

$$K_B=K\times(1-T)$$

式中，B 为长期债券筹资额；P 为长期债券面值；K 为长期债券税前资本成本。

3. 优先股资本成本

优先股股息按面值和固定的股息率确定，优先股筹资总额按发行价格确定。优先股股息是以所得税后净利润支付的，故不会减少公司应交所得税。

优先股资本成本的计算公式为：

$$K_P=\frac{D_P}{P_P(1-F_P)}$$

式中，K_P为优先股资本成本；D_P为优先股年股息；P_P为优先股筹资额（按发行价格确定）；F_P为优先股筹资费用率。

4. 留存收益资本成本

留存收益是公司缴纳所得税后形成的，其所有权属于股东。

计算留存收益资本成本的方法：股利增长模型、资本资产定价模型、风险溢价模型。

（1）按照股利增长模型，留存收益资本成本的计算公式为：

$$K_S=\frac{D_C}{P_C}+g$$

式中，K_S 为留存收益资本成本；D_C 为预期年股利额；P_C 为普通股市价；g 为普通股股利年增长率。

（2）按照资本资产定价模型，留存收益资本成本的计算公式为：

$$K_S=R_f+\beta_j(R_m-R_f)$$

式中，R_f 为无风险证券的利率；β_j 为股票 j 系统风险的度量；R_m 为投资者对市场组合要求的收益率（即证券市场的平均收益率）。

（3）按照风险溢价模型，留存收益资本成本的计算公式为：

$$K_S=K_B+RP_C$$

式中，K_B 为债务税后资本成本；RP_C 为股东比债权人承担更大风险所要求的风险溢价。

5. 普通股资本成本

普通股资本成本的计算公式为：

$$K_{NC}=\frac{D_C}{P_C\times(1-F_C)}+g$$

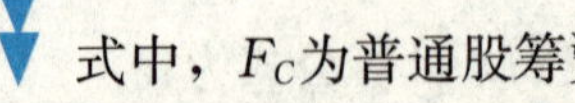

式中，F_C为普通股筹资费用率。

小笔记

1. 资本成本按用途不同，可以分为个别资本成本、加权平均资本成本和边际资本成本。

2. 个别资本成本是指使用各种长期资本的成本，包括长期借款资本成本、长期债券资本成本、优先股资本成本、留存收益资本成本和普通股资本成本等。

3. 长期借款资本成本包括借款利息和筹资费用。

4. 长期债券资本成本主要是指债券利息和筹资费用。

5. 长期债券的筹资费用包括债券申请手续费、注册费、印刷费、推销费等，其数额一般比较高，在计算资本成本时一般不可以省略。

6. 计算留存收益资本成本的方法：股利增长模型、资本资产定价模型、风险溢价模型。

考点 043　加权平均资本成本

【★★二级考点，多选题、计算题】

1. 加权平均资本成本

加权平均资本成本是以各项个别资本在公司长期资本中所占比重为权数，对个别资本成本进行加权平均确定的。

2. 加权平均资本成本的计算公式

$$K_W = \sum_{i=1}^{n} W_i K_i$$

式中，K_W为加权平均资本成本；W_i为第 i 种资本在长期资本中所占的权重；K_i为第 i 种资本的税后资本成本；n 为公司筹集长期资本的种类。

3. 影响加权平均资本成本的因素

公司的加权平均资本成本受到两个因素的影响：个别资本成本和各类资本占长期资本的比重。

4. 加权平均资本成本的三种可供选择的权重

账面价值、市场价值和目标资本结构。

易考点

加权平均资本成本的三种可供选择的权重：账面价值、市场价值和目标资本结构。

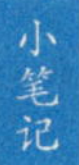

考点 044　边际资本成本

【四级考点，单选题、多选题、计算题】

1. 边际资本成本

边际资本成本是指资本每增加一个单位而增加的成本。

2. 边际资本成本的计算步骤

计算确定目标资本结构；计算确定各个不同筹资范围的个别资本成本；计算确定筹资总额分界点；计算各筹资区间的边际资本成本。

3. 筹资总额分界点的计算公式

$$筹资总额分界点=\frac{可用某一特定成本筹划到的某种资本最大额}{该种资本在资本总额中所占比重}$$

PART 4 难点回顾

- 留存收益筹资的优点：资本成本低；不会分散控制权；增强公司的信誉。
- 长期借款利率有固定利率和浮动利率两种。
- 长期借款筹资的优点：筹资速度快；借款弹性较大；借款成本较低。长期借款筹资的缺点：财务风险较高；限制条款比较多。
- 长期资本通常采用吸收直接投资、发行股票、发行公司债券、银行长期借款、融资租赁和内部积累等方式来筹集。
- 债券筹资的优点：资本成本低于普通股；可产生财务杠杆作用；保障股东的控制权。债券筹资的缺点：增加企业的财务风险；限制条件多。
- 资本成本是公司筹集和使用资本的代价。
- 个别资本成本指使用各种长期资本的成本，包括长期借款资本成本、长期债券资本成本、优先股资本成本、留存收益资本成本和普通股资本成本等。
- 加权平均资本成本是以各项个别资本在公司长期资本中所占比重为权数，对个别资本成本进行加权平均确定的。

过考百科

2013 年 9 月 11 日，标准普尔评级服务公司发布报告，将戴尔公司的信用评级从“BBB”下调至“BB-”，这意味着戴尔公司的信用评级从投资级滑落至垃圾级。标准普尔指出，促使其做出下调评级决定的原因是个人计算机需求下滑给戴尔公司带来了持续影响，且该公司可能会在不久以后私有化。和其他个人计算机厂商一样，戴尔公司在最近几年的时间里也一直面临着困境，原因是消费者正在逐渐远离传统的台式机和笔记本电脑，而转向购买平板电脑和其他移动设备。标准普尔信用分析师玛莎·托尔-里德（Martha Tol-Reed）称，由于受到持续的定价压力以及个人计算机销售量下滑等因素的影响，戴尔公司所面临的风险有所加大。此外，由戴尔公司创始人迈克尔·戴尔牵头发起的私有化交易将使其财务杠杆大幅增长。

PART 5 真题演练

一、单选题

1.【2015 年 10 月】采用销售百分比法预测资金需要量时，一般不随销售收入变化而变化的项目是（　　）。

A. 存货　　B. 应收账款　　C. 应付账款　　D. 公司债券

2.△【2016 年 4 月】下列属于长期筹资方式的是（　　）。

A. 短期借款　　B. 应付账款　　C. 预收账款　　D. 融资租赁

3.【2017 年 4 月】下列各项中，不属于以吸收直接投资方式进行筹资优点的是（　　）。

A. 资本成本低　　B. 降低财务风险　　C. 增强公司信誉　　D. 快速形成生产能力

4.【2017 年 4 月】按照偿还方式，债券可划分的种类是（　　）。

A. 抵押债券和信用债券

B. 可转换债券和不可转换债券

C. 一次到期债券和分期到期债券

D. 参加公司债券和不参加公司债券

5.△【2017 年 10 月】采用销售百分比法预测筹资数量的起点是（　　）。

A. 销售预测　　B. 生产预测　　C. 价格预测　　D. 产量预测

6.【2018 年 10 月】下列选项中，属于直接投资出资方式的是（　　）。

A. 实物投资　　B. 国家投资　　C. 法人投资　　D. 个人投资

7.△【2018 年 10 月】资本成本包括筹资费用和用资费用，以下属于用资费用项目的是（　　）。

A. 支付的广告费　　B. 支付的律师费

C. 支付给债权人的利息　　D. 支付的有价证券发行费用

8.△下列能够降低公司财务风险的筹资方式是（　　）。

A. 普通股　　B. 融资租赁　　C. 公司债券　　D. 银行借款

二、多选题

1.△融资租赁的租金中的租赁手续费包括（　　）。

A. 租息　　B. 营业费用

C. 一定的盈利　　　　　　　　　　D. 融资成本

E. 途中保险费

2.【2016 年 4 月】下列关于资本成本的说法，正确的（　　）。

A. 资本成本是选择筹资方式的依据

B. 资本成本是拟定筹资方案的依据

C. 资本成本是评价公司经营成果的依据

D. 资本成本是投资人选择投资方案的唯一标准

E. 资本成本是评价投资决策可行性的主要经济标准

3.【2017 年 10 月】在计算加权平均资本成本时，可选择的权重包括（　　）。

A. 以账面价值为权重　　　　　　　B. 以市场价值为权重

C. 以目标资本结构为权重　　　　　D. 以社会平均资本结构为权重

E. 以账面价值与市场价值的均值为权重

易错题

单选题 1、2、3、6，多选题 1，需要牢牢掌握知识点，认真审题，避免作答失误。△表示高频考点。

三、主观题

1. 简述筹资的概念。

2. 简述留存收益的含义及该筹资方式的优点。

3. 简述长期借款筹资的优缺点。

4. 某公司拟筹集资金 1 000 万元，现有甲、乙两个备选方案。有关资料如下：

(1) 甲方案：按面值发行长期债券 500 万元，票面利率 10%，发行普通股 500 万元，普通股的资本成本为 15%。

(2) 乙方案：发行普通股 400 万元，普通股资本成本为 15%；利用公司留存收益筹资 600 万元。假设该公司所有筹资均不考虑筹资费用，适用的公司所得税税率为 25%。

要求：

(1) 计算甲方案长期债券的资本成本和加权平均资本成本。

(2) 指出乙方案留存收益的资本成本和加权平均资本成本。

(3) 根据上述计算结果，选择对该公司最有利的筹资方案。

5. 某公司 2019 年资本总额为 1 000 万元，其中：长期借款为 400 万元，年利率为 10%，每年付息一次；普通股为 600 万元，每股市价为 10 元。2018 年发放现金股利为每股 1 元，预计年股利增长率为 5%。不考虑筹资费用，公司适用的所得税税率为 25%。

要求：

（1）分别计算长期借款和普通股的资本成本。

（2）分别计算长期借款和普通股在资本总额中所占比重。

（3）计算该公司加权平均资本成本。

PART 6 答案解析

一、单选题

1. 答案：D

解析：销售百分比法是指假设经营资产和经营负债与销售收入存在稳定的百分比关系。选项AB属于经营资产，C属于经营负债，D既不属于经营资产，也不属于经营负债，故选D。

2. 答案：D

解析：长期资本通常采用吸收直接投资、发行股票、发行公司债券、银行长期借款、融资租赁和内部积累等方式来筹集。

3. 答案：A

解析：吸收直接投资的优点有：增强公司信誉、快速形成生产能力、降低财务风险。

4. 答案：C

解析：按照偿还方式，债券分为一次到期债券和分期到期债券。

5. 答案：A

解析：销售百分比法始于销售预测，这是财务预测最为关键的一步，其准确率直接影响预测财务报表的准确性，进而影响公司的各个方面。

6. 答案：A

解析：吸收直接投资的方式：公司在采用吸收直接投资方式筹集资本时，投资者可以用现金、厂房、机器设备、材料物资、无形资产等多种资产形式向公司投资。具体而言，包括以下几种出资方式：现金投资、实物投资、工业产权投资、土地使用权投资，所以答案为A。另外，选项BCD均属于吸收直接投资的种类，不是吸收直接投资的方式。

7. 答案：C

解析：资本成本包括两部分：一是筹资费用，即公司在筹集资本过程中所支付的各种费用，包括向银行支付的借款手续费，发行股票和债券而支付的发行费用、律师费、评估费、担保费、广告费等。二是用资费用，即公司在使用资本过程中支付的费用，包括支付给债权人的利息和向股东分配的股利等。故本题选C。

8. 答案：A

解析：公司通过发行股票、吸收直接投资、内部积累等方式筹集的资本都属于公司的权益资本。权益资本一般不用偿还本金，财务风险小，但付出的资本成本相对较高。

二、多选题

1. 答案：BC

解析：融资租赁的租金包括设备价款和租息两部分，其中租息分为租赁公司的筹资成本和租赁手续费，租赁手续费包括营业费用和一定的盈利。

2. 答案：ABCE

解析：资本成本就是选择合理筹资方式的标准和拟定筹资方案的基本依据；资本成本是评价公司经营成果的依据；资本成本是公司用于评价投资项目可行性的“取舍率”。

3. 答案：BE

解析：加权平均资本成本是以各项个别资本在公司长期资本中所占比重为权数，对个别资本成本进行加权平均确定的。

三、主观题

1. 简述筹资的概念。

答：公司筹资是根据公司生产经营、对外投资和调节资本结构等需要，通过筹资渠道和金融市场，运用筹资方式，经济有效地筹集资本的活动，也是公司从资本供应者那里取得生产经营活动资本的一项基本的财务活动。

2. 简述留存收益的含义及该筹资方式的优点。

答：留存收益是指公司从历年实现的利润中提取或留存于公司的内部积累，它来源于公司的生产经营活动所实现的净利润。

优点：(1) 节约筹资费用，资本成本低于普通股；(2) 不会分散控制权；(3) 增强公司的信誉。

3. 简述长期借款筹资的优缺点。

答：优点：(1) 筹资速度快；(2) 借款弹性较大；(3) 借款成本较低。

缺点：(1) 财务风险较高；(2) 限制性条款较多。

4. 某公司拟筹集资金 1 000 万元，现有甲、乙两个备选方案。有关资料如下：

(1) 甲方案：按面值发行长期债券 500 万元，票面利率 10%；发行普通股 500 万元，普通股的资本成本为 15%。

(2) 乙方案：发行普通股 400 万元，普通股资本成本为 15%；利用公司留存收益筹资 600 万元。假设该公司所有筹资均不考虑筹资费用，适用的公司所得税税率为 25%。

要求：

(1) 计算甲方案长期债券的资本成本和加权平均资本成本。

(2) 指出乙方案留存收益的资本成本和加权平均资本成本。

(3) 根据上述计算结果，选择对该公司最有利的筹资方案。

答：

(1) 计算甲方案长期债券的资本成本和加权平均资本成本：

长期债券资本成本＝10％×(1－25％)＝7.5％。

加权平均资本成本＝(500/1 000)×7.5％＋ (500/1 000)×15％＝11.25％。

(2) 指出乙方案留存收益的资本成本和加权平均资本成本：

留存收益资本成本＝15％；加权平均资本成本＝15％。

(3) 根据上述计算结果，选择对该公司最有利的筹资方案。

因为甲方案的加权平均资本成本低于乙方案，所以选择甲筹资方案对公司最有利。

5. 某公司 2019 年资本总额为 1 000 万元，其中：长期借款为 400 万元，年利率为 10％，每年付息一次；普通股为 600 万元，每股市价为 10 元。2018 年发放现金股利为每股 1 元，预计年股利增长率为 5％。不考虑筹资费用，公司适用的所得税税率为 25％。

要求：

(1) 分别计算长期借款和普通股的资本成本。

(2) 分别计算长期借款和普通股在资本总额中所占比重。

(3) 计算该公司加权平均资本成本。

答：

(1) 计算长期借款和普通股的资本成本：

长期借款资本成本＝10％×(1－25％)＝7.5％。

普通股资本成本＝［1×(1＋5％)］/10＋5％＝15.5％。

(2) 计算长期借款和普通股在资本总额中所占比重：

长期借款在资本总额中所占比重＝400÷1 000×100％＝40％。

普通股在资本总额中所占比重＝600÷1 000×100％＝60％。

(3) 加权平均资本成本＝7.5％×40％＋15.5％×60％＝12.3％。

恭喜你完成第五章内容的学习，全书章节进度已完成5/10。学习根苦果甜。在此，记录下你的学习心得吧。

第六章　杠杆原理与资本结构

备考指南

通过本章的学习，你应熟悉经营杠杆、财务杠杆和复合杠杆的概念与特点；掌握经营杠杆、财务杠杆和复合杠杆的计算；理解杠杆效应与风险之间的关系；理解资本结构的概念与影响因素；掌握最佳资本结构的确定方法。本章重要程度为★★，多以单选题、多选题形式考核，部分以计算题形式考核。

学习目标

通过本章的学习，你将掌握以下知识点：

1. 经营风险与经营杠杆的概念及两者之间的关系。
2. 财务风险与财务杠杆的概念及两者之间的关系。
3. 三个杠杆系数的计量及关系。
4. 资本结构优化选择的方法。

PART 1 本章知识宝图

本章共两小节，分别用星标做重要程度标注，★★★为高频考点，★★为中频考点，★为一般考点，四级考点为补充考点，可循序渐进复习。

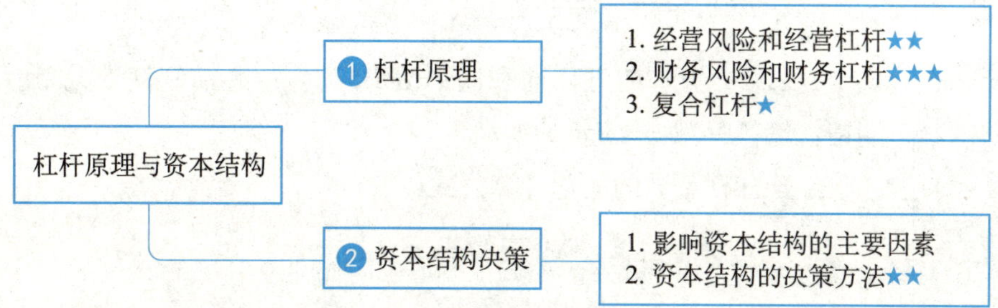

PART 2 名师伴读

名师伴读，码上听课

本视频包含《财务管理学》中的杠杆原理和资本结构等。

登录 www. rdlearning. cn 观看完整内容。

PART 3 高频考点

考点 045 经营风险和经营杠杆

【★★二级考点，一般为单选题、多选题、计算题】

1. 经营风险

经营风险是指由生产经营活动而产生的未来经营收益或者息税前利润的不确定性。

经营风险的发生及大小的影响因素：市场需求变化的敏感性；销售价格的稳定性；投入生产要素价格的稳定性；产品更新周期以及公司研发能力；固定成本占总成本的比重。

2. 经营杠杆

经营杠杆是指在某一固定生产经营成本存在的情况下，销售量变动对息税前利润产生的作用。

由于固定成本存在而导致的息税前利润变动率大于产销量变动率的杠杆效应，称为经营杠杆。

小笔记

公司只要存在固定成本，就存在经营杠杆作用。

3. 经营杠杆系数

经营杠杆系数是指息税前利润变动率相对于销售量变动率的倍数。经营杠杆系数用公式表示为（经营杠杆系数的定义公式）：

$$DOL=\frac{\Delta EBIT/EBIT}{\Delta Q/Q}$$

式中，$EBIT$ 为基期息税前利润；$\Delta EBIT$ 为息税前利润变动额；Q 为基期销售量；ΔQ 为销售量的变动。

经营杠杆系数的简化计算公式：

$$DOL_Q=\frac{Q(P-V_C)}{Q(P-V_C)-FC}$$

$$DOL_S=\frac{S-VC}{S-VC-FC}$$

$$DOL_S=1+\frac{FC}{EBIT}$$

式中，P 为销售单价；S 为销售额；V_C 为单位变动成本；VC 为变动成本总额；FC 为固定成本总额。

注意：经营杠杆系数的定义公式和简化计算公式均是建立在假设产量等于销量的前提下。

易考点

1. 经营杠杆是指在某一固定生产经营成本存在的情况下，销售量变动对息税前利润产生的作用。

2. 由于固定成本存在而导致的息税前利润变动率大于产销量变动率的杠杆效应，称为经营杠杆。

考点 046　财务风险和财务杠杆

【★★★一级考点，一般为单选题、计算题】

1. 财务风险

由于固定性资本成本存在（包括负债利息和优先股股息）而对普通股股东收益产生的影响，称为财务风险。

2. 财务杠杆

财务杠杆是指由于固定性资本成本的存在，当公司的息税前利润有一个较小幅度的变化时，就会引起普通股每股收益较大幅度变化的现象。

财务杠杆主要反映息税前利润和普通股每股收益之间的关系，用于衡

小笔记

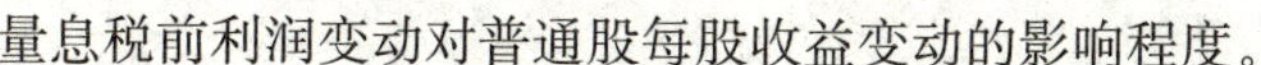

量息税前利润变动对普通股每股收益变动的影响程度。

只要公司存在债务利息和优先股股息，就会存在财务杠杆效应。

3. 财务杠杆系数

财务杠杆系数是指普通股每股收益的变动率相当于息税前利润变动率的倍数。财务杠杆系数的计算公式可表示为（财务杠杆系数的定义公式）：

$$DFL=\frac{\Delta EPS/EPS}{\Delta EBIT/EBIT}$$

式中，DFL 为财务杠杆系数；EPS 为基期普通股每股收益额；ΔEPS 为普通股每股收益额的变动额；$EBIT$ 为基期息税前利润；$\Delta EBIT$ 为息税前利润的变动额。

财务杠杆系数的简化计算公式：

$$DFL=\frac{EBIT}{EBIT-I-\frac{D}{I-T}}$$

式中，I 为债务利息；D 为优先股股息；T 为公司所得税税率。

易考点

1. 财务杠杆是指由于固定性资本成本的存在，当公司的息税前利润有一个较小幅度的变化时，就会引起普通股每股收益较大幅度变化的现象。

2. 财务杠杆主要反映息税前利润和普通股每股收益之间的关系，用于衡量息税前利润变动对普通股每股收益变动的影响程度。

3. 只要公司存在债务利息和优先股股息，就会存在财务杠杆效应。

4. 财务杠杆系数：$DFL=\frac{\Delta EPS/EPS}{\Delta EBIT/EBIT}$。

简化为：$DFL=\frac{EBIT}{EBIT-I-\frac{D}{I-T}}$。

考点 047 复合杠杆

【★三级考点，一般为单选题】

1. 复合杠杆

经营杠杆是通过扩大销售规模来影响息税前利润，而财务杠杆是通过扩大息税前利润来影响每股收益。如果经营杠杆和财务杠杆共同起作用，那么销售规模稍有变动就会使每股收益产生更大的变动，这就是复合杠杆作用。

小笔记

2. 复合杠杆系数

复合杠杆系数，是指每股收益的变动率相当于销售量变动率的倍数。复合杠杆系数的计算公式为（复合杠杆系数的定义公式）：

$$DCL=\frac{\Delta EPS/EPS}{\Delta Q/Q}$$

$$DCL=\frac{\Delta EBIT/EBIT}{\Delta Q/Q}\times\frac{\Delta EPS/EPS}{\Delta EBIT/EBIT}$$

复合杠杆系数的简化计算公式为：

$$DCL=DOL\times DFL$$

考点 048　影响资本结构的主要因素

【四级考点，一般为单选题、简答题】

1. 资本结构

资本结构是指公司各种资本构成及其比例关系。

广义的资本结构是指公司全部资本（包括长期资本和短期资本）的构成及其比例关系。

狭义的资本结构是指各种长期资本（长期负债与股东权益）的构成及其比例关系。

2. 影响资本结构的主要因素

公司产品销售情况；公司股东和经理的态度；公司财务状况；公司资产结构；贷款人和信用评级机构的影响；行业因素与公司规模；公司所得税税率；利率水平的变动趋势。

考点 049　资本结构的决策方法

【★★二级考点，一般为单选题】

1. 最优资本结构

最优资本结构，是指在一定条件下使公司加权平均资本成本最低、公司价值最高的资本结构。

一般来说，在确定最优资本结构时可以有三种不同的考虑：第一种情况是只考虑资本成本，即以加权平均资本成本最低作为资本结构决策的依据，这就是比较资本成本法；第二种情况是只考虑公司价值，即以公司价值最大作为资本结构决策的依据，这就是每股收益分析法；第三种情况是同时考虑资本成本和公司价值，即以资本成本最低和公司价值最大作为资本结构的决策依据，这就是公司价值分析法。

2. 比较资本成本法

公司在做出筹资决策之前，先拟订若干个备选方案，分别计算各方案

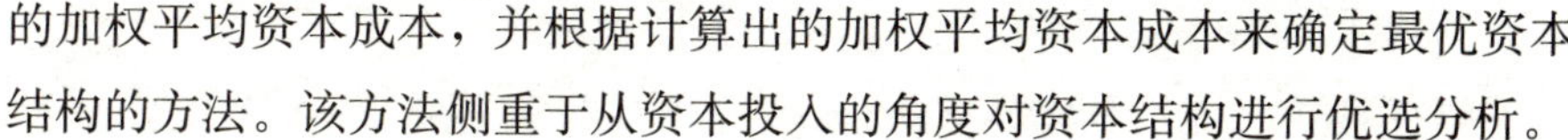

小笔记

的加权平均资本成本，并根据计算出的加权平均资本成本来确定最优资本结构的方法。该方法侧重于从资本投入的角度对资本结构进行优选分析。

3. 每股收益无差异点

根据两种不同筹资方案的有关资料，计算两种资本结构下每股收益相等时的销售水平或息税前利润，即每股收益无差异点。

4. 普通股每股收益的计算公式

$$EPS=\frac{(EBIT-I)(1-T)-D}{N}$$

或：

$$EPS=\frac{(S-VC-FC-I)(1-T)-D}{N}$$

式中，EPS 为普通股每股收益；I 为负债利息；T 为公司所得税税率；D 为优先股股息；N 为发行在外的普通股股数；S 为销售额；VC 为变动成本总额；FC 为固定成本总额。

在每股收益无差异点上，无论采用何种筹资方案，每股收益均是相等的。用 EPS_1 和 EPS_2 分别表示两种不同资本结构下的每股收益，即

$$EPS_1=EPS_2$$

易考点

1. 最优资本结构，是指在一定条件下使公司加权平均资本成本最低、公司价值最高的资本结构。

2. 最优资本结构的决策方法：比较资本成本法、每股收益分析法、公司价值分析法。

PART 4 难点回顾

- 由于固定成本存在而导致的息税前利润变动率大于产销量变动率的杠杆效应，称为经营杠杆。
- 公司只要存在固定成本，就存在经营杠杆作用。
- 经营杠杆系数是指息税前利润变动率相对于销售量变动率的倍数。
- 只要公司存在债务利息和优先股股息，就会存在财务杠杆效应。
- 财务杠杆系数是指普通股每股收益的变动率相当于息税前利润变动率的倍数。计算公式为：

$$DFL=\frac{\Delta EPS/EPS}{\Delta EBIT/EBIT}$$

或：

$$DFL=\frac{EBIT}{EBIT-I-\frac{D}{I-T}}$$

最优资本结构，是指在一定条件下使公司加权平均资本成本最低、公司价值最高的资本结构。

最优资本结构的决策方法：比较资本成本法、每股收益分析法、公司价值分析法。

过考百科

关于公司财务杠杆系数：当公司没有债务和优先股筹资时，不论息税前利润为多少，财务杠杆系数总是等于1，每股收益与息税前利润同比例变动。若公司采用债务和优先股筹资，财务杠杆系数必然大于1。运用债务和优先股筹资的比例越大，公司每股收益变动的幅度越大，即财务风险越高。

PART 5 真题演练

一、单选题

1.【2015年4月】下列关于经营杠杆的表述，正确的是（　　）。

A. 经营杠杆不影响息税前利润

B. 经营杠杆的大小用财务杠杆系数来衡量

C. 只要存在固定成本，就存在经营杠杆作用

D. 只要存在固定成本，经营杠杆一定等于1

2.△【2015年10月】如果企业既存在固定生产经营成本，又存在固定性资本成本，则每股收益的变动率相当于销售量变动率的倍数称为（　　）。

A. 经营杠杆系数　B. 财务杠杆系数　C. 复合杠杆系数　D. 风险价值系数

3.△【2016年4月】某公司息税前利润增长率为200%，普通股每股收益增长率为300%，则财务杠杆系数是（　　）。

A. 1　B. 1.5　C. 5　D. 6

4.△【2016年10月】固定性生产经营成本和固定性财务费用共同作用而导致的杠杆效应是（　　）。

A. 经营杠杆效应　B. 财务杠杆效应　C. 复合杠杆效应　D. 筹资杠杆效应

5.△【2017年4月】如果某公司经营杠杆系数为2，则息税前利润变动百分比与销售量变动百分比的比值为（　　）。

A. 3　B. 1　C. 2　D. 4

6.△【2017年10月】由于固定生产经营成本的存在，导致息税前利润变动率大于产销量变动率的效应是（　　）。

A. 经营杠杆　　B. 财务杠杆　　C. 复合杠杆　　D. 物理杠杆

7.【2018年10月】关于公司财务杠杆系数，下列表述正确的是（　　）。

A. 存在债务和优先股时，财务杠杆系数小于1

B. 存在债务和优先股时，财务杠杆系数大于1

C. 存在债务和优先股时，财务杠杆系数等于1

D. 不存在债务和优先股时，财务杠杆系数小于1

易错题

单选题2、3需要牢牢掌握知识点，认真审题，避免作答失误。

△表示高频考点。

二、主观题

1. 简述最优资本结构的概念及资本结构的决策方法。

2. 某公司目前资本总额为700万元，其中：债务资本为200万元，年利率为12%；普通股为500万股，每股面值为1元。因投资需要，拟新增筹资200万元，现有两个方案可供选择。方案一：全部按面值发行普通股200万股；方案二：全部采用长期借款，年利率为8%。公司适用的所得税税率为25%。

要求：

（1）分别计算采用方案一和方案二后的利息总额。

（2）采用每股收益分析法，计算每股收益无差异点的息税前利润。

（3）若预计新增筹资后息税前利润为95万元，不考虑筹资风险，应该采用哪个方案？

3. 甲公司本年销售收入净额为2 000万元，固定成本总额为500万元（不含利息费用），变动成本总额为1 000万元，利息费用为300万元。

要求：

（1）计算经营杠杆系数和财务杠杆系数。

（2）计算复合杠杆系数。

（3）如果甲公司下年度销售收入增长10%，计算每股收益增长率。

PART 6 答案解析

一、单选题

1. 答案：C

解析：经营杠杆是指在某一固定生产经营成本存在的情况下，销售量变动对息税前利润产生的作用。经营杠杆的公式为：$(\Delta EBIT/EBIT)/(\Delta Q/Q)$。由经营杠杆的定义和公式可以看出，经营杠杆受息税前利润影响，因此，选项A不正确；经营杠杆的大小应该用经营杠杆系数衡量，选项B不正确；经营杠杆是存在固定成本的情况下存在的，但由公式可以看出，经营杠杆不一定等于1，所以选项D不正确，从定义就可看出正确的选项为C。

2. 答案：C

解析：经营杠杆是指在某一固定生产经营成本存在的情况下，销售量变动对息税前利润产生的作用。财务杠杆是指由于固定性资本成本的存在，当公司的息税前利润有较小幅度的变化时，就会引起普通股每股收益较大幅度变化的现象。而复合杠杆是经营杠杆和财务杠杆共同作用的结果。故既存在固定生产经营成本又存在固定性资本成本引起普通股每股收益变动的是复合杠杆。

3. 答案：B

解析：DFL 为财务杠杆系数；EPS 为基期普通股每股收益额；ΔEPS 为普通股每股收益额的变动额；$EBIT$ 为基期息税前利润；$\Delta EBIT$ 为息税前利润的变动额。$DFL=300\%/200\%=1.5$。

4. 答案：C

解析：财务杠杆是指由于固定性资本成本的存在，当公司的息税前利润有一个较小幅度的变化时，就会引起普通股每股收益较大幅度变化的现象。公司只要存在固定成本，就存在经营杠杆作用。如果两个杠杆共同起作用，那么销售规模稍有变动就会使每股收益产生更大的变动，这就是复合杠杆作用。

5. 答案：C

解析：经营杠杆系数是指息税前利润变动率相对于销售量变动率的倍数。

6. 答案：A

解析：经营杠杆是指在某一固定生产经营成本存在的情况下，销售量变动对息税前利润产生的作用。

7. 答案：B

解析：当公司没有债务和优先股筹资时，不论息税前利润为多少，财务杠杆系数总是等于1，每股收益与息税前利润同比例变动。若公司采用债务和优先股筹资，财务杠杆系数必然大于1。运用债务和优先股筹资的比例越大，公司每股收益变动的幅度越大，即财务风险越高。故本题选B。

二、主观题

1. 简述最优资本结构的概念及资本结构的决策方法。

答：

所谓最优资本结构，是指在一定条件下使公司加权平均资本成本最低、公司价值最高的资本结构。

资本结构的决策方法包括：比较资本成本法、每股收益分析法、公司价值分析法。

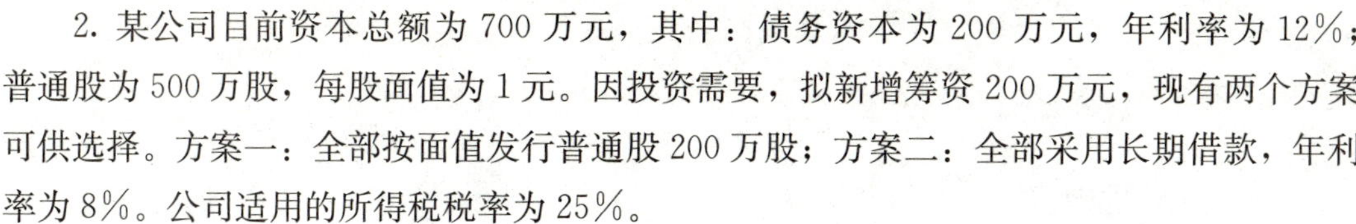

2. 某公司目前资本总额为 700 万元，其中：债务资本为 200 万元，年利率为 12%；普通股为 500 万股，每股面值为 1 元。因投资需要，拟新增筹资 200 万元，现有两个方案可供选择。方案一：全部按面值发行普通股 200 万股；方案二：全部采用长期借款，年利率为 8%。公司适用的所得税税率为 25%。

要求：

（1）分别计算采用方案一和方案二后的利息总额。

（2）采用每股收益分析法，计算每股收益无差异点的息税前利润。

（3）若预计新增筹资后息税前利润为 95 万元，不考虑筹资风险，应该采用哪个方案？

答：

（1）方案一的利息总额＝200×12%＝24（万元）。

方案二的利息总额＝200×12%＋200×8%＝40（万元）。

（2）每股收益无差异点的息税前利润＝［(*EBIT*－24)×(1－25%)］/700＝［(*EBIT*－40)×(1－25%)］/500，*EBIT*＝80（万元）。

（3）预计新增筹资后息税前利润 95 万元大于 80 万元，故应选择方案二。

3. 甲公司本年销售收入净额为 2 000 万元，固定成本总额为 500 万元（不含利息费用），变动成本总额为 1 000 万元，利息费用为 300 万元。

要求：

（1）计算经营杠杆系数和财务杠杆系数。

（2）计算复合杠杆系数。

（3）如果甲公司下年度销售收入增长 10%，计算每股收益增长率。

答：

（1）经营杠杆系数＝(2 000－1 000)/(2 000－1 000－500)＝2。

财务杠杆系数＝(2 000－1 000－500)/(2 000－1 000－500－300)＝2.5。

（2）复合杠杆系数＝2×2.5＝5。

（3）每股收益增长率＝10%×5＝50%。

恭喜你完成第六章内容的学习，全书章节进度已完成 6/10。立身以立学为先，立学以读书为本。在此，记录下你的学习心得吧。

第七章 证券投资决策

备考指南

通过本章的学习，你应掌握股票投资、债券投资的估价模型及收益率的计算；理解债券投资风险特征；理解股票投资与债券投资的优缺点；掌握证券投资基金的分类和费用类型；理解证券投资基金风险的特征。复习时，可以综合对比记忆。本章重要程度为★★，多以单选题、简答题形式出现。

学习目标

通过本章的学习，你将掌握以下知识点：

1. 债券投资的估价模型及收益率的计算。
2. 股票投资估价模型的应用。
3. 证券投资基金的概念、特点和分类。
4. 证券投资基金的费用以及证券投资基金的风险。

PART 1 本章知识宝图

本章共三小节，分别用星标做重要程度标注，★★★为高频考点，★★为中频考点，★为一般考点，四级考点为补充考点，可循序渐进复习。

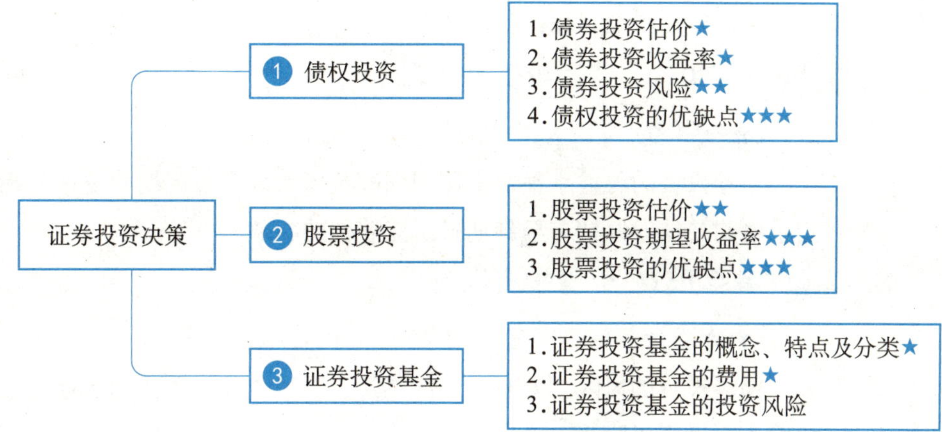

PART 2 名师伴读

名师伴读，码上听课

本视频包含《财务管理学》中的债券投资风险、股票投资等。

登录 www. rdlearning. cn 观看完整内容。

PART 3 高频考点

考点 050　债券投资估价

【★三级考点，一般为单选题】

（1）债券投资的估价就是计算债券在未来期间获取的利息和到期收回的面值的现值之和。

（2）分期计息，到期一次还本债券的估价模型。典型的债券是固定利率、每年计算并收到利息、到期收回本金。

$$V=\frac{I_1}{(1+r)^1}+\frac{I_2}{(1+r)^2}+\cdots+\frac{I_n}{(1+r)^n}+\frac{M}{(1+r)^n}$$

式中，V 为债券价值；I 为每年利息；r 为市场利率（或投资者要求的收

小笔记

小笔记

益率)；M 为到期的本金（债券面值)；n 为债券到期前的年数。

(3) 到期一次还本付息债券的估价模型。债券的利息随本金一同在债券到期日收回。其估价模型为：

$$V=\frac{F}{(1+r)^n}$$

式中，F 为到期本利和；其他字母含义同前。

考点 051 债券投资收益率

【★三级考点，一般为单选题】

债券投资的收益水平通常用到期收益率来衡量。到期收益率是指以特定价格购买债券并持有至到期日所能获得的收益率。

考点 052 债券投资风险

【★★二级考点，单选题、多选题、简答题】

债券投资的风险主要有：违约风险、利率风险、购买力风险、变现力风险、再投资风险等。

1. 违约风险

违约风险，是指债务人无法按时支付利息以及偿还债券本金的风险。**中央政府发行的国债由于有政府做担保，所以可以认为没有违约风险。**

2. 利率风险

利率风险，是指由于利率的变动而使投资者遭受损失的风险。

3. 购买力风险

购买力风险，是指由于通货膨胀使价格总水平变动而引起债券购买力变动所产生的风险。

4. 变现力风险

变现力风险，是指无法在短期内以合理价格卖出债券的风险。

5. 再投资风险

再投资风险，是指债券持有者在持有期间收到的利息收入、到期收到的本息、出售时得到的资本收益等，用于再投资所能实现的报酬，可能会低于当初购买债券时的收益率。

债券投资的风险主要有：违约风险、利率风险、购买力风险、变现力风险、再投资风险等。

小笔记

考点 053 债券投资的优缺点

【★★★一级考点，单选题、多选题、简答题】

债券投资的优点：本金安全性高；收入稳定性强；市场流动性好。

债券投资的缺点：购买力风险较大；没有经营管理权。

易考点

债券投资的优点：本金安全性高；收入稳定性强；市场流动性好。缺点：购买力风险较大；没有经营管理权。

考点 054 股票投资估价

【★★二级考点，单选题、多选题、案例分析题】

1. 股票的内在价值

股票的价值（内在价值）是由股票带来的未来现金流量的现值决定的。

2. 股票估价的基本模型

$$V_0=\frac{D_1}{(1+R_S)^1}+\frac{D_2}{(1+R_S)^2}+\cdots+\frac{D_n}{(1+R_S)^n}+\frac{V_n}{(1+R_S)^n}$$

式中，V_0为股票内在价值；V_n为未来出售时预计的股票价格；R_S为股东要求的收益率；D_n为第 n 年现金股利；n 为预计持有的股票期数。

3. 股利零增长模型

股利零增长模型是假设未来现金股利保持固定金额，即 $D_0=D_1=D_2=D_3=\cdots=D_n$，股东永久性持有股票，即中途不转让出售。则股票估价模型为：

$$V_0=\frac{D}{R_S}$$

4. 股东预计长期持有，股利固定增长型股票的估价模型

$$V_0=\frac{D_1}{R_S-g}$$

式中，g 为股利预计增长率。

5. 股利分阶段增长型股票的估价模型

$$V_0=\sum_{t=1}^{n}\frac{D_0(1+g_1)^t}{(1+R_S)^t}+\frac{D_n(1+g_2)}{R_s-g_2}\times\frac{1}{(1+R_S)^n}$$

式中，n 为快速增长的年限；g_1为快速增长率；g_2为正常增长率。

小笔记

易考点

1. 股票的价值（内在价值）是由股票带来的未来现金流量的现值决定的。

2. 股票估价模型为：$V_0=D/R_S$。

考点 055　股票投资期望收益率

【★★★一级考点，案例分析题】

如果股票价格是公平的市场价格，则股票投资的期望收益率就等于股东要求的收益率。

$$R_S=\frac{D_1}{V_0}+g$$

股票投资的收益率包括两部分：一是股利收益率，它是根据预期现金股利除以当前股价计算出来的；二是现金股利增长率（g），它可以根据公司的可持续增长率估计。

考点 056　股票投资的优缺点

【★★★一级考点，单选题】

股票投资的优点：投资收益高；购买力风险低；拥有经营控制权。

股票投资的缺点：求偿权居后；价格不稳定；股利收入不稳定。

易考点

1. 股票投资的优点：投资收益高；购买力风险低；拥有经营控制权。

2. 股票投资的缺点：求偿权居后；价格不稳定；股利收入不稳定。

考点 057　证券投资基金的概念、特点及分类

【★三级考点，单选题】

（1）证券投资基金是指通过公开发售基金份额募集资本。

（2）证券投资基金所具备的特点：集合投资、分散风险、专业理财。

（3）按基金的组织形式划分，分为契约型基金和公司型基金。

（4）按基金的运作方式划分，分为封闭式基金和开放式基金。

（5）按基金的投资标的划分，分为债券基金、股票基金、货币市场基金。

考点 058　证券投资基金的费用

【★三级考点，单选题、简答题】

基金费用：基金管理费、基金托管费、基金交易费、基金运作费、基

金销售服务费。

考点 059 证券投资基金的投资风险

【四级考点，单选题、多选题】

证券投资基金的投资风险：市场风险、管理能力风险、技术风险、巨额赎回风险。

PART 4 难点回顾

- 债券投资的估价就是计算债券在未来期间获取的利息和到期收回的面值的现值之和。
- 债券投资的风险主要有：违约风险、利率风险、购买力风险、变现力风险、再投资风险等。
- 债券投资的优点：本金安全性高；收入稳定性强；市场流动性好。
- 债券投资的缺点：购买力风险较大；没有经营管理权。
- 股票的价值（内在价值）是由股票带来的未来现金流量的现值决定的。
- 股票投资的收益率包括两部分：一是股利收益率；二是现金股利增长率。
- 股票投资的优点：投资收益高；购买力风险低；拥有经营控制权。
- 股票投资的缺点：求偿权居后；价格不稳定；股利收入不稳定。

过考百科

天弘基金与支付宝合作推出了一款名为“增利宝”的产品，互联网基金这一创新理财工具的兴起大大推动了存款“搬家”的进程。据了解，自从该产品在支付宝正式上线，天弘基金开户数快速增长，“增利宝”每日净申购超过5 000万元。

支付宝与基金公司的合作模式具体为：支付宝推出“余额宝”业务，用于为其客户提供现金增值，客户将钱转入“余额宝”，即申购了天弘“增利宝”基金，随后享受货币基金收益。用户选择将资本从“余额宝”转出或使用“余额宝”进行购物支付，则相当于赎回“增利宝”基金份额。

支付宝与天弘基金的这种合作模式在互联网金融、互联网基金领域具有重大意义。对于支付宝而言，与基金合作可以增加客户的活期资本收益，提升客户黏性；对于基金公司而言，不需要依赖银行渠道就能带来上亿的潜在客户，基金规模将快速提升。然而，这对于银行的影响或偏负面，活期存款竞争面临支付宝这一强大的对手。对于那些之前较少接触基金的年轻淘宝客户来说，会将自己存在银行的钱转入“余额宝”。

PART 5 真题演练

一、单选题

1.【2015 年 10 月】某公司于 2014 年 1 月 1 日发行面值为 1 000 元的 5 年期债券，票面利率为 8%，市场利率为 10%，每年付息一次，到期一次还本。下列表述正确的是（　　）。

A. 债券的价值无法估算　　B. 债券的价值低于债券的面值

C. 债券的价值高于债券的面值　　D. 债券的价值等于债券的面值

2. △【2016 年 4 月】下列不属于证券投资基金投资风险的是（　　）。

A. 市场风险　　B. 违约风险　　C. 巨额赎回风险　　D. 管理能力风险

3. △【2017 年 4 月】与债券投资相比，下列属于普通股股票投资优点的是（　　）。

A. 股票价格稳定　　B. 股利收入稳定　　C. 具有本金求偿权　　D. 具有经营管理权

4.【2017 年 10 月】某投资者拟购买 M 公司的股票并长期持有，要求的报酬率为 10%，预计该股票每年现金股利为 3 元/股，则该股票的内在价值是（　　）。

A. 0.3 元　　B. 3 元　　C. 10 元　　D. 30 元

5. △【2017 年 10 月】下列属于股票投资特点的是（　　）。

A. 购买力风险大　　B. 投资收益稳定　　C. 求偿权居后　　D. 本金安全性高

6.【2018 年 4 月】由于通货膨胀导致的债券投资风险是（　　）。

A. 利率风险　　B. 变现力风险　　C. 购买力风险　　D. 再投资风险

7. △【2018 年 10 月】下列选项中，决定股票内在价值的是（　　）。

A. 股票当前的市场价格　　B. 股票当前的账面价值

C. 股票带来的未来现金流量之和　　D. 股票带来的未来现金流量的现值之和

易错题

单选题 1、3、4、5、7，需要牢牢掌握知识点，认真审题，避免作答失误。

△表示高频考点。

二、主观题

1. 简述证券投资基金的概念及特点。

2. 某公司 2020 年 1 月 1 日发行面值为 1 000 元的 5 年期债券，票面年利率为 6%，每年年末支付一次利息，到期偿还面值。假设投资者要求的报酬率为 10%。（计算结果保留小数点后两位数）

要求：

（1）计算该债券的年利息。

（2）计算5年利息的总现值。

（3）计算该债券的内在价值。

（4）分析说明该债券发行价格为多少时，投资者才会投资该债券。

3. 某投资者拟购买A公司发行的股票，该股票上年已经发放的现金股利为1元/股，预计股利每年以5%的增长率增长。假设投资者要求的收益率为10%。

要求：

（1）计算该股票的内在价值，如果该股票市场价格为19元/股，判断投资者是否应当购买。

（2）如果该股票的股利保持不变，每年现金股利均为2元/股，计算股票的内在价值，并指出当该股票市场价格为多少时，投资者可以购买。

4. H公司是一家上市公司，为了提高产品竞争力，拟对关键设备进行技术改造，为此，召开技术改造项目讨论会。相关部门负责人发言要点如下：

项目部经理：设备技术改造采用国际先进技术，预计一次性投资6 000万元。项目的必要报酬率为6%，专业咨询机构估计项目运营后的内含报酬率为10%，所以该项目可行。

财务部经理：技术改造项目需要进行外部融资。公司当前资产负债率为40%，行业平均资产负债率为65%；考虑到目前股票市场处于低谷，股票价格普遍较低，建议采用债务融资，债务融资后公司的资产负债率为60%。同时，为了保留更多的现金用于投资，公司股利分配采用每10股送3股的方式。

结合案例材料，回答下列问题：

（1）判断项目部经理的观点是否正确，并说明理由。

（2）判断财务部经理的债务融资建议是否合理，并说明理由。

（3）指出财务部经理所建议的股利支付方式，并说明其优点。

PART 6 答案解析

一、单选题

1. 答案：B

解析：该债券的内在价值为：

$$V=\frac{F}{(1+r)^n}=\frac{1\ 000\times(1+8\%)^5}{(1+10\%)^5}=912.32\text{（元）}$$

从计算结果可以看出，债券的价值低于债券面值，故选B。

2. 答案：B

解析：证券投资基金的投资风险包括市场风险、管理能力风险、技术风险、巨额赎回风险。

3. 答案：D

解析：股票投资的优点：投资收益高，购买力风险低、拥有经营控制权。

4. 答案：D

解析：股利零增长模型 $V_0=D/R_S$，$V_0=3/10\%=30$（元）。

5. 答案：C

解析：股票投资的优点：投资收益高、购买力风险低、拥有经营控制权；股票投资的缺点：求偿权居后、价格不稳定、股利收入不稳定。

6. 答案：C

解析：购买力风险，是指由于通货膨胀使价格总水平变动而引起债券购买力变动所产生的风险。

7. 答案：D

解析：股票的价值（内在价值）是由股票带来的未来现金流量的现值决定的。

二、主观题

1. 简述证券投资基金的概念及特点。

答：

证券投资基金是指通过公开发售基金份额募集资本。由基金托管人托管，由基金管理人管理和运用资本，为保障基金份额持有人的利益，以资产组合方式进行证券投资的一种利益共享、风险共担的集合投资方式。特点：集合投资、分散风险、专业理财。

2. 某公司 2020 年 1 月 1 日发行面值为 1 000 元的 5 年期债券，票面年利率为 6%，每年年末支付一次利息，到期偿还面值。假设投资者要求的报酬率为 10%。（计算结果保留小数点后两位数）

要求：

（1）计算该债券的年利息。

（2）计算 5 年利息的总现值。

（3）计算该债券的内在价值。

（4）分析说明该债券发行价格为多少时，投资者才会投资该债券。

答：

（1）债券的年利息＝1 000×6%＝60（元）。

（2）利息总现值＝$P=A\ (P/A,\ r,\ n)=60\times(P/A,\ 10\%,\ 5)\ 60\times3.790\ 8=227.45$（元）。

（3）债券的内在价值＝$60\times(P/A,\ 10\%,\ 5)+1\ 000\times(P/F,\ 10\%,\ 5)$

$=60\times3.790\ 8+1\ 000\times0.620\ 9=848.35$（元）。

（4）只有当债券的发行价格低于或等于 848.35 元时，投资者才会购买。

3. 某投资者拟购买 A 公司发行的股票，该股票上年已经发放的现金股利为 1 元/股，预计股利每年以 5%的增长率增长。假设投资者要求的收益率为 10%。

要求：

（1）计算该股票的内在价值，如果该股票市场价格为 19 元/股，判断投资者是否应当购买。

（2）如果该股票的股利保持不变，每年现金股利均为 2 元/股，计算股票的内在价值，并指出当该股票市场价格为多少时，投资者可以购买。

答：

（1）该股票的内在价值＝1×(1＋5%)/(10%－5%)＝21（元/股），如果该股票市场价格为 19 元/股，比内在价值低，应该购买。

（2）2/10%＝20（元/股），股票市场价格低于 20 元/股时，投资者可以购买。

4. H公司是一家上市公司，为了提高产品竞争力，拟对关键设备进行技术改造，为此，召开技术改造项目讨论会。相关部门负责人发言要点如下：

项目部经理：设备技术改造采用国际先进技术，预计一次性投资 6 000 万元。项目的必要报酬率为 6%，专业咨询机构估计项目运营后的内含报酬率为 10%，所以该项目可行。

财务部经理：技术改造项目需要进行外部融资。公司当前资产负债率为 40%，行业平均资产负债率为 65%；考虑到目前股票市场处于低谷，股票价格普遍较低，建议采用债务融资，债务融资后公司的资产负债率为 60%。同时，为了保留更多的现金用于投资，公司股利分配采用每 10 股送 3 股的方式。

结合案例材料，回答下列问题：

（1）判断项目部经理的观点是否正确，并说明理由。

（2）判断财务部经理的债务融资建议是否合理，并说明理由。

（3）指出财务部经理所建议的股利支付方式，并说明其优点。

答：

（1）项目部经理的观点是正确的。

理由：内含报酬率大于项目必要报酬率，项目可行。

（2）债务融资的建议合理。

理由：股票市场处于低谷，公司股票价格较低，公司资产负债率低于行业平均资产负债率。

（3）股票股利支付方式。

优点：可以使公司保留现金用于投资；可以降低每股市价，吸引投资者；可以传递公司发展信息，提供投资者信心。

恭喜你完成第七章内容的学习，全书章节进度已完成 7/10。凡事勤则易，凡事惰则难。在此，记录下你的学习心得吧。

第八章　项目投资决策

备考指南

通过本章的学习，你应了解项目投资的概念与项目投资的分类；了解项目投资的步骤；掌握项目投资现金流量的分析与计算；理解确定项目现金流量的基本假设；了解现金流量估计应该注意的问题；掌握项目投资决策评价指标的计算方法和决策规则；了解各种评价指标的优缺点；掌握项目投资决策方法的应用。本章重要程度为★★，多以单选题、多选题、计算题形式出现。单选题、计算题每年必考，需反复学习，你可以利用书中“小笔记”部分进行总结。

学习目标

通过本章的学习，你将掌握以下知识点：

1. 项目投资现金流量的分析。
2. 项目投资决策方法的应用。
3. 项目投资折现现金流量指标的计算。
4. 项目投资决策方法的应用。

PART 1 本章知识宝图

本章共四小节，分别用星标做重要程度标注，★★★为高频考点，★★为中频考点，★为一般考点，四级考点为补充考点，可循序渐进复习。

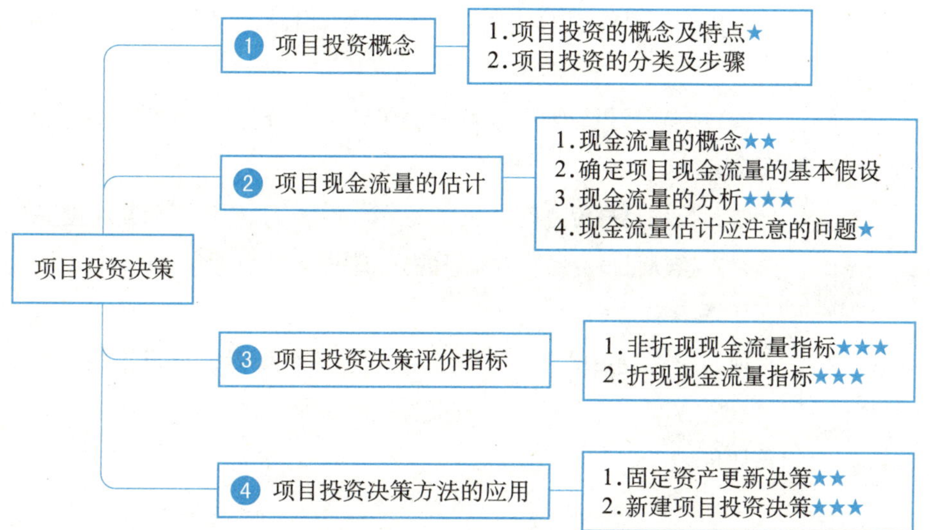

PART 2 名师伴读

名师伴读，码上听课

本视频包含《财务管理学》中的项目投资决策、现金流量分析等。

登录 www. rdlearning. cn 观看完整内容。

PART 3 高频考点

考点 060 项目投资的概念及特点

【★三级考点，多选题】

1. 项目投资

项目投资是指以特定项目为对象，对公司内部各种生产经营资产的长期投资行为。

2. 项目投资的主要特点

项目投资的回收时间长；项目投资的变现能力较差；项日投资的资金

小笔记

占用数量相对稳定；项目投资的实物形态与价值形态可以分离。

考点 061 项目投资的分类及步骤

【四级考点，单选题、多选题】

1. 项目投资的分类

（1）按项目投资的作用，可分为新设投资、维持性投资和扩大规模投资。

（2）按项目投资对公司前途的影响，可分为战术性投资和战略性投资两大类。

（3）按项目投资之间的从属关系，可分为独立投资和互斥投资两大类。

（4）按项目投资后现金流量的分布特征，可分为常规投资和非常规投资。

2. 项目投资的步骤

项目投资决策的程序一般包括下述几个步骤：项目投资方案的提出；项目投资方案的评价；项目投资方案的决策；项目投资的执行；项目投资的再评价。

易考点

项目投资决策的程序一般包括下述几个步骤：项目投资方案的提出；项目投资方案的评价；项目投资方案的决策；项目投资的执行；项目投资的再评价。

考点 062 现金流量的概念

【★★二级考点，单选题】

项目投资决策中的现金流量包括现金流出量、现金流入量和现金净流量三个具体的概念。

1. 现金流量

现金流量是指一个项目投资方案引起的公司现金收入和现金支出增加的数量。这里的现金是广义的现金，它既包括各种货币资本，又包括需要投入的公司现有的非货币资源的变现价值。

2. 现金流出量

现金流出量是指一个项目投资方案所引起的公司现金支出的增加额，包括在固定资产上的投资、垫支的营运资本、付现成本、各项税款、其他现金流出等。

公司增加一个新项目，则该项目通常会引起以下现金流出：项目的直

小笔记

接投资支出、垫支的营运资本、付现成本。

付现成本是指项目运营后引起的需要使用现金支付的成本，即公司在经营期内为满足正常生产经营而动用现金支付的成本费用。

3. 现金流入量

现金流入量是指一个项目投资方案所引起的公司现金收入的增加额，包括营业现金流入、净残值收入、垫支营运资本的收回。

4. 现金净流量

现金净流量是指一定期间现金流入量与现金流出量的差额。

现金净流量 = 现金流入量 − 现金流出量

易考点

1. 项目投资决策中的现金流量包括现金流出量、现金流入量和现金净流量三个具体的概念。

2. 公司增加一个新项目，则该项目通常会引起以下现金流出：项目的直接投资支出、垫支的营运资本、付现成本。

3. 现金净流量=现金流入量−现金流出量。

考点 063　确定项目现金流量的基本假设

【四级考点，单选题、多选题】

在确定现金流量时做了以下假设：项目投资的类型假设；财务分析可行性假设；全投资假设；建设期投入全部资本假设；经营期与折旧年限一致假设；时点指标假设；产销量平衡假设；确定性因素假设。

考点 064　现金流量的分析

【★★★一级考点，单选题、多选题、简答题】

1. 建设期现金流量

建设期现金流量指初始投资阶段发生的现金流量，一般包括以下几个部分：在固定资产上的投资、垫支的营运资本、其他投资费用、原有固定资产的变现收入。

2. 经营期现金流量

经营期现金流量是指项目在正常经营期内由于生产经营所带来的现金流入和现金流出的数量。相关计算公式为：

营业现金净流量（NCF）=营业收入−付现成本−所得税

或：

营业现金净流量（NCF）＝税后经营净利润＋折旧

营业现金净流量（NCF）＝(营业收入－付现成本)×(1－所得税税率）＋折旧×所得税税率

其中，

付现成本＝营业成本－折旧

3. 终结点现金流量

终结点现金流量是指投资项目结束时固定资产变卖或停止使用所发生的现金流量，主要包括：固定资产的残值收入或变价收入；原垫支营运资本的收回；在清理固定资产时发生的其他现金流出。

1. 建设期现金流量指初始投资阶段发生的现金流量，一般包括：在固定资产上的投资、垫支的营运资本、其他投资费用、原有固定资产的变现收入。

2. 营业现金净流量（NCF）＝营业收入－付现成本－所得税。

考点 065　现金流量估计应注意的问题

【★三级考点，单选题】

1. 相关成本

相关成本是指与特定决策有关的、在分析评价时必须加以考虑的成本。例如，差额成本、未来成本、重置成本、机会成本都属于相关成本。

2. 沉没成本

沉没成本是指过去已经发生，无法由现在或将来的任何决策所能改变的成本，有人把它比喻为“泼出去的牛奶”。

考点 066　非折现现金流量指标

【★★★一级考点，单选题、多选题、计算题】

非折现现金流量指标包含：投资回收期、会计平均收益率。

1. 投资回收期

投资回收期（PP）是指通过项目的现金净流量来收回初始投资的现金所需要的时间，一般以年为单位。

2. 投资回收期的计算步骤

投资回收期的计算，因每年营业现金净流量是否相等而有所不同。

小笔记

（1）若每年营业现金净流量相等，则投资回收期的计算公式为：

$$投资回收期=初始投资额÷年现金净流量$$

（2）若每年营业现金净流量不相等，则投资回收期的计算要根据每年年末尚未收回的投资额加以确定。其计算公式为：

$$投资回收期=\frac{累计现金净流量}{首次出现正值的年份}-1+\frac{上年累计现金净流量绝对值}{当年现金净流量}$$

3. 利用投资回收期进行项目评价的规则

当投资回收期小于基准回收期（由公司自行确定或根据行业标准确定）时，可接受该项目；反之，则应放弃。

4. 会计平均收益率

会计平均收益率（ARR）是评价投资项目优劣的一个静态指标，是指投资项目年平均收益与该项目平均投资额的比率。其计算公式为：

$$会计平均收益率=\frac{年平均收益}{项目平均投资额}\times 100\%$$

易考点

1. 非折现现金流量指标包含：投资回收期、会计平均收益率。
2. 投资回收期的计算公式：

$$投资回收期=初始投资额÷年现金净流量。$$

$$投资回收期=\frac{累计现金净流量}{首次出现正值的年份}-1+\frac{上年累计现金净流量绝对值}{当年现金净流量}$$

3. 利用投资回收期进行项目评价的规则是：当投资回收期小于基准回收期（由公司自行确定或根据行业标准确定）时，可接受该项目；反之，则应放弃。

考点067　折现现金流量指标

【★★★一级考点，单选题、多选题、计算题】

折现现金流量指标包含：净现值、现值指数、内含报酬率。

1. 净现值

净现值（NPV）是指投资项目投入使用后的现金净流量按资本成本或公司要求达到的报酬率折算为现值，再减去初始投资后的余额。其计算公式为：

$$NPV=\sum_{t=0}^{n}\frac{NCF_t}{(1+i)^t}$$

小笔记

式中，NPV 为净现值；NCF_t 为第 t 年项目的现金净流量；n 为项目的年限；i 为资本成本（或折现率）。

2. 现值指数

现值指数（PI）是未来现金净流量的总现值与初始投资额现值的比率，亦称为现值比率、获利指数等。其计算公式为：

$$\text{现值指数}=\frac{\text{未来现金净流量的总现值}}{\text{投资额现值}}$$

3. 内含报酬率

内含报酬率（IRR）是指能够使未来现金流入量的现值等于现金流出量现值的折现率，或者说是使投资项目净现值为零的折现率。内含报酬率通常也称为内部收益率。其计算公式为：

$$\text{净现值}=\sum_{t=0}^{n}\frac{NCF_t}{(1+IRR)^t}=0$$

式中，NCF_t 为第 t 年项目的现金净流量。

内含报酬率的优点：考虑了资金的时间价值，反映了投资项目的真实报酬率。内含报酬率的缺点：计算过程比较复杂，特别是对于每年 NCF 不相等的投资项目，要经过多次测算才能得出。

易考点

1. 折现现金流量指标包含：净现值、现值指数、内含报酬率。

2. 净现值（NPV）的计算公式：

$$NPV=\sum_{t=0}^{n}\frac{NCF_t}{(1+i)^t}$$

3. 现值指数（PI）是未来现金净流量的总现值与初始投资额现值的比率。

4. 内含报酬率（IRR）的计算公式：

$$\text{净现值}=\sum_{t=0}^{n}\frac{NCF_t}{(1+IRR)^t}=0$$

考点 068　固定资产更新决策

【★★二级考点，单选题、多选题】

1. 固定资产更新

固定资产更新是指技术上或经济上不宜继续使用的旧资产，用新资产更换或用先进的技术对原设备进行局部改造。

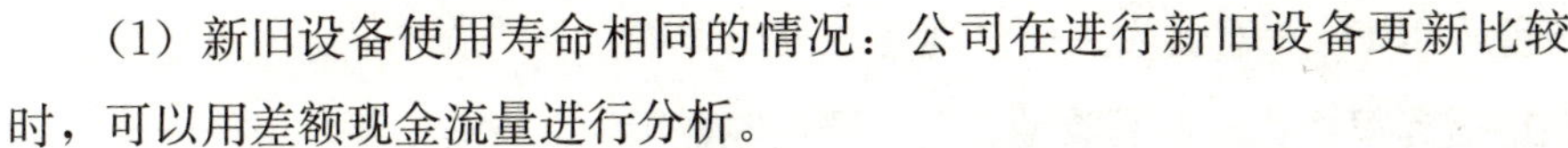

小笔记

（1）新旧设备使用寿命相同的情况：公司在进行新旧设备更新比较时，可以用差额现金流量进行分析。

（2）当新旧设备是不同的寿命期时，一般情况下，寿命期越长，能给公司带来的未来现金流量越多，净现值也就越大，所以容易得出寿命期越长项目越好的不正确结论。为了在这种情况下投资者能做出正确的决策，可以采取的方法有两种，即年均成本法和最小公倍寿命法。

2. 年均成本法

年均成本法就是把投资项目在寿命周期内总的成本现值转化为每年的平均成本，并进行比较的方法。年均成本的计算公式为：

$$年均成本=\frac{成本现值}{年金现值系数}$$

3. 最小公倍寿命法

最小公倍寿命法又称项目复制法，是将两个方案使用寿命的最小公倍数作为比较期间，并假设两个方案在这个比较期间内进行多次重复投资，将各自多次投资的净现值进行比较的分析方法。

易考点

新旧设备使用寿命不等时，投资者要做出正确的决策，可以采取的方法有两种，即年均成本法和最小公倍寿命法。

考点069　新建项目投资决策

【★★★一级考点，计算题、案例分析题】

新建项目投资决策的关键是分析项目的现金流量。新建项目一般在初始投资时会涉及固定资产投资、营运资本的垫支。

易考点

新建项目投资决策的关键是分析项目的现金流量。新建项目一般在初始投资时会涉及固定资产投资、营运资本的垫支。

PART 4 难点回顾

- 项目投资决策的程序一般包括：提出→评价→决策→执行→再评价。
- 项目投资决策中的现金流量包括现金流出量、现金流入量和现金净流量。

- 营业现金净流量（NCF）＝营业收入－付现成本－所得税。
- 非折现现金流量指标包含：投资回收期、会计平均收益率。
- 投资回收期＝初始投资额÷年现金净流量。
- 折现现金流量指标包含：净现值、现值指数、内含报酬率。
- 现值指数（PI）是未来现金净流量的总现值与初始投资额现值的比率。
- 新旧设备使用寿命不等时，投资者要做出正确的决策，可以采取的方法有两种，即年均成本法和最小公倍寿命法。
- 新建项目投资决策的关键是分析项目的现金流量。 新建项目一般在初始投资时会涉及固定资产投资、营运资本的垫支。

过考百科

提到成本，我们往往想到的是从口袋里掏出去的钱，即必须付出一定数量现金的成本。机会成本有点儿不一样。最常见的一种情况发生在公司已经拥有某个项目所要使用的资产时。例如，公司想要把多年之前花 100 万元买下的一栋废弃的旧棉纺厂房改造成一栋职工宿舍。若实施该项目，不用直接花 100 万元买下这栋旧厂房，因为它属于公司，但是若对职工宿舍这个项目进行评估，是否应该把这栋旧棉纺厂房看作免费的呢？答案是否定的。这栋旧棉纺厂房是这个新项目所利用的有价值的资源。如其不用作职工宿舍的改造项目，可以用来做别的事情，至少可以卖掉它。因此，将旧棉纺厂房改造成职工宿舍隐含着一项机会成本，即放弃用它做别的有价值投资的机会。

另一个问题是：一旦我们同意利用这栋旧棉纺厂房的机会成本时，应该对利用它的职工宿舍改造项目索价多少呢？既然是花 100 万元买入的，似乎应该把这笔账记到职工宿舍改造项目上，这样做正确吗？答案是否定的。理由是基于我们对沉没成本的解释，应该计入职工宿舍改造项目的机会成本是这栋旧棉纺厂房现在能够卖出的价格（扣除相关的支出）。

PART 5 真题演练

一、单选题

1.【2015 年 10 月】若某企业拟投资的固定资产项目的净现值大于 0，下列表述正确的是（　　）。

A. 该项目的获利指数小于 1　　　　B. 该项目的获利指数大于 1

C. 该项目的获利指数等于 1　　　　D. 该企业不应进行此项投资

2.【2016 年 4 月】下列属于投资项目营业现金流量构成内容的是（　　）。

A. 沉没成本　　B. 固定资产重置成本
C. 付现成本　　D. 固定资产购置成本

3.【2016 年 4 月】下列能够直接反映投资项目真实报酬率的指标是（　　）。

A. 净现值　　B. 现值指数　　C. 内含报酬率　　D. 投资回收期

4. △【2017 年 4 月】在项目现金流量的估计中，下列属于终结点现金流量构成内容的是（　　）。

A. 厂房的建造成本　　B. 设备的购入成本
C. 设备的运输成本　　D. 垫支营运资本的收回

5.【2017 年 4 月】关于营业现金净流量的计算，正确的是（　　）。

A. 营业现金净流量＝营业收入－付现成本
B. 营业现金净流量＝营业收入－折旧－所得税
C. 营业现金净流量＝营业收入－付现成本－折旧
D. 营业现金净流量＝营业收入－付现成本－所得税

6.【2017 年 10 月】下列属于非折现现金流量指标的是（　　）。

A. 净现值　　B. 现值指数　　C. 内含报酬率　　D. 会计平均收益率

7.【2017 年 10 月】下列不属于付现成本的是（　　）。

A. 工资　　B. 修理费　　C. 固定资产折旧　　D. 原材料采购费

8. △【2018 年 4 月】下列只属于终结点现金流量的项目是（　　）。

A. 所得税　　B. 营业收入　　C. 固定资产投资　　D. 垫支营运资本收回

二、多选题

1. △【2015 年 10 月】下列投资项目决策评价指标中，考虑了资金时间价值的有（　　）。

A. 净现值　　B. 现值指数
C. 内含报酬率　　D. 投资回收期
E. 会计平均收益率

2. △【2016 年 10 月】下列属于非折现现金流量评价指标的有（　　）。

A. 净现值　　B. 现值指数
C. 内含报酬率　　D. 静态投资回收期
E. 会计平均收益率

3.【2017 年 4 月】下列属于固定资产项目投资特点的有（　　）。

A. 投资的回收期长　　B. 投资的变现能力差
C. 投资的实际收益率可以预先确定　　D. 投资实物形态与价值形态可以分离
E. 投资会在较长时间影响公司的经营活动

4.【2018 年 4 月】项目现金流量估计中，应考虑的相关成本有（　　）。

A. 机会成本
B. 差额成本
C. 沉没成本
D. 重置成本
E. 过去成本

易错题

单选题4、5、6、8，多选题2、4，需要牢牢掌握知识点，认真审题，避免作答失误。△表示高频考点。

三、主观题

1. 简述内含报酬率的含义及优点。

2. 某公司拟投资一新项目，投资额为200万元，当年建成并投产，项目寿命期为10年，预计项目每年营业现金净流量为40万元，项目终结点残值收入为5万元，公司资本成本为10%。(计算结果保留小数点后两位数)

要求：

(1) 计算该项目的投资回收期。

(2) 计算该项目的净现值和获利指数。

(3) 根据净现值和获利指数计算结果做出投资评价。

3. 某公司计划新增一条生产线，预计固定资产投资100万元，垫支营运资本10万元。建设期为零，项目寿命期为10年，固定资产年折旧额10万元。该项目每年营业收入50万元，付现成本20万元。期满收回垫支的营运资本10万元，不考虑固定资产残值。假设公司资本成本为10%，公司适用的所得税税率为25%。(计算结果保留小数点后两位)

要求：

(1) 计算该项目的初始现金流出量。

(2) 计算该项目的营业现金净流量。

(3) 计算该项目的净现值并判断该项目是否可行。

4. 某公司拟购入一台A设备以满足生产经营需要，该设备购置成本为60 000元，寿命期为4年，每年维护保养费用为12 000元，假设折现率为10%。(计算结果保留两位小数点)

要求：

(1) 计算A设备寿命期内总成本的现值。

(2) 计算A设备年均成本。

(3) 如果市场上有另外一种B设备同样能够满足公司需要，寿命期为6年，寿命期内成本现值为120 000元，能否根据A、B设备寿命期内总成本现值直接进行比较选择？如果不能，应如何进行选择？

5. 甲公司是一家境内上市的集团公司，拟投资一大型项目，为此召开了项目投融资论证会。有关人员发言要点如下：

项目部经理：为实施该项目，公司两年前就着手进行市场调研，并已支出100万元调研费。该项支出虽然是过去已经发生的成本，但在进行项目评价时，应该将其作为现金流出量。

运营部经理：经测算，按15%的折现率计算的项目净现值等于零，项目投资的必要报酬率为12%。因此，该项目投资可行。

财务部经理：公司目前负债比率较高，还本付息的压力较大，限制条件较多。为控制财务风险，建议该项目采用增发普通股方式进行融资。

结合案例材料，回答下列问题：

(1) 判断项目部经理的观点是否合理，并说明理由。

(2) 结合运营部经理的观点，指出项目的内含报酬率是多少，判断运营部经理的观点是否合理并说明理由。

(3) 判断财务部经理关于普通股融资的建议是否合理，并说明理由。

PART 6 答案解析

一、单选题

1. 答案：B

解析：净现值＝未来现金流量的总现值－初始投资额。

获利指数（或现值指数）＝未来现金流量的总现值/初始投资额。

从二者的公式可以看出，净现值大于0时，获利指数一定大于1。

2. 答案：C

解析：现金流出量是指一个项目投资方案所引起的公司现金支出的增加额。包括在固定资产上的投资、垫支的营运资本、付现成本、各项税款、其他现金流出等。

3. 答案：C

解析：内含报酬率的优点：考虑了资金的时间价值，反映了投资项目的真实报酬率。

4. 答案：D

解析：终结点现金流量主要包含：固定资产的残值收入或变价收入；原垫支营运资本的收回；在清理固定资产时发生的其他现金流出。

5. 答案：D

解析：营业现金净流量（NCF）＝营业收入－付现成本－所得税，故本题选D。

6. 答案：D

解析：非折现现金流量指标有：投资回收期、会计平均收益率。

7. 答案：C

解析：付现成本是指项目运营后引起的需要使用现金支付的成本，即公司在经营期内为满足正常生产经营而动用现金支付的成本费用。例如外购原材料、燃料、动力的费用，以及工资、修理费和其他费用。

8. 答案：D

解析：终结点现金流量是指投资项目结束时固定资产变卖或停止使用所发生的现金流量，主要包括：(1) 固定资产的残值收入或变价收入。(2) 原垫支营运资本的收回。(3) 在清理固定资产时发生的其他现金流出。

二、多选题

1. 答案：ABC

解析：折现现金流指标有：净现值、现值指数（或获利指数）和内含报酬率。

2. 答案：DE

解析：非折现现金流量评价指标包含投资回收期、会计平均收益率。

3. 答案：ABDE

解析：项目投资的主要特点有：项目投资的回收时间长；项目投资的变现能力较差；项目投资的资金占用数量相对稳定；项目投资的实物形态与价值形态可以分离。

4. 答案：ABD

解析：相关成本是指与特定决策有关的、在分析评价时必须加以考虑的成本。例如，差额成本、未来成本、重置成本、机会成本都属于相关成本。

三、主观题

1. 简述内含报酬率的含义及优点。

答：

内含报酬率是指能够使未来现金流入量的现值等于现金流出量现值的折现率，或者说是能够使投资项目净现值为零的折现率。

优点：考虑了资本的时间价值，反映了投资项目的真实报酬率。

2. 某公司拟投资一新项目，投资额为 200 万元，当年建成并投产，项目寿命期为 10 年，预计项目每年营业现金净流量为 40 万元，项目终结点残值收入为 5 万元，公司资本成本为 10%。(计算结果保留小数点后两位数)

要求：

(1) 计算该项目的投资回收期。

(2) 计算该项目的净现值和获利指数。

(3) 根据净现值和获利指数计算结果做出投资评价。

答：

(1) 投资回收期＝初始投资额÷年现金净流量＝200÷40＝5（年）。

(2) 净现值$=40\times(P/A,10\%,9)+(40+5)\times(P/F,10\%,10)-200$

$=47.71$（万元）。

获利指数 $=\frac{40\times(P/A,10\%,9)+(40+5)\times(P/F,10\%,10)}{200}=1.24$。

(3) 净现值大于0，获利指数大于1，所以可以投资该项目。

3. 某公司计划新增一条生产线，预计固定资产投资100万元，垫支营运资本10万元。建设期为零，项目寿命期为10年，固定资产年折旧额10万元。该项目每年营业收入50万元，付现成本20万元。期满收回垫支的营运资本10万元，不考虑固定资产残值。假设公司资本成本为10%，公司适用的所得税税率为25%。(计算结果保留小数点后两位)

要求：

(1) 计算该项目的初始现金流出量。

(2) 计算该项目的营业现金净流量。

(3) 计算该项目的净现值并判断该项目是否可行。

答：

(1) 初始现金流出量 (NCF_0)＝100＋10＝110 (万元)。

(2) 营业现金净流量 (NC_{F1-10})＝(50－20)×(1－25%)＋10×25%＝25 (万元)。

(3) 项目净现值 (NPV)＝－110＋25×(P/A, 10%, 9)＋(25＋10)×(P/F, 10%, 10)＝－110＋25×5.759＋35×0.385 5＝47.47 (万元)。

或：项目净现值＝－110＋25×(P/A, 10%, 10)＋10×(P/F, 10%, 10)＝－110＋25×6.144 6＋10×0.385 5＝47.47 (万元)。

项目可行性判断：净现值大于零，该项目可行。

4. 某公司拟购入一台A设备以满足生产经营需要，该设备购置成本为60 000元，寿命期为4年，每年维护保养费用为12 000元，假设折现率为10%。(计算结果保留两位小数点)

要求：

(1) 计算A设备寿命期内总成本的现值。

(2) 计算A设备年均成本。

(3) 如果市场上有另外一种B设备同样能够满足公司需要，寿命期为6年，寿命期内成本现值为120 000元，能否根据A、B设备寿命期内总成本现值直接进行比较选择？如果不能，应如何进行选择？

答：

(1) A设备寿命期总成本现值＝60 000＋12 000×(P/A, 10%, 4)＝60 000＋12 000×3.169 9＝98 038.8 (元)。

(2) A设备年均成本＝98 038.8÷ (P/A, 10%, 4)＝98 038.8÷3.169 9＝30 928.04 (元)。

(3) 不能根据A、B设备寿命期内总成本现值直接进行比较选择。因为A、B设备寿命期不同，应通过比较A、B设备的年均成本，选择平均成本最低的设备。

5. 甲公司是一家境内上市的集团公司，拟投资一大型项目，为此召开了项目投融资论证会。有关人员发言要点如下：

项目部经理：为实施该项目，公司两年前就着手进行市场调研，并已支出 100 万元调研费。该项支出虽然是过去已经发生的成本，但在进行项目评价时，应该将其作为现金流出量。

运营部经理：经测算，按 15%的折现率计算的项目净现值等于零，项目投资的必要报酬率为 12%。因此，该项目投资可行。

财务部经理：公司目前负债比率较高，还本付息的压力较大，限制条件较多。为控制财务风险，建议该项目采用增发普通股方式进行融资。

结合案例材料，回答下列问题：

(1) 判断项目部经理的观点是否合理，并说明理由。

(2) 结合运营部经理的观点，指出项目的内含报酬率是多少，判断运营部经理的观点是否合理并说明理由。

(3) 判断财务部经理关于普通股融资的建议是否合理，并说明理由。

答：

(1) 不合理。前期市场调研是过去已经发生的成本，属于沉没成本，是非相关成本。在进行项目评价时，不应该将其作为现金流出量。

(2) 项目的内含报酬率是 15%。运营部经理的观点是合理的。因为项目的内含报酬率大于项目投资的必要报酬率。

(3) 财务部经理关于普通股融资的建议是合理的。理由：普通股融资没有固定的股利负担，没有固定到期日，不需要归还，财务风险低，筹资限制少，有利于增强公司信誉。

恭喜你完成第八章内容的学习，全书章节进度已完成 8/10。加紧学习，抓住中心，宁精勿杂，宁专勿多。在此，记录下你的学习心得吧。

第九章　营运资本决策

备考指南

通过本章的学习，你应了解营运资本决策的意义和原则；理解流动资产投资策略和筹资策略的内容；理解现金管理的目标；掌握最佳现金持有量确定的方法；熟悉现金管理的日常控制；理解应收账款的功能、成本及管理目标；掌握信用政策决策分析；理解应收账款的日常管理内容；理解存货的功能、成本及管理目标；掌握经济批量的计算；理解商业信用筹资的类型以及信用条件的制定；了解商业信用筹资的优缺点；了解短期借款的类型；理解短期借款的信用条件内容；了解短期借款筹资的优缺点。本章重要程度为★★，多以单选题、多选题、计算题形式出现，少量涉及简答题。复习时，现金、应收账款和存货的内容要对比记忆，注意区分。你可充分利用书中“小笔记”部分进行归纳总结。

学习目标

通过本章的学习，你将掌握以下知识点：

1. 营运资本的基本概念、营运资本筹资策略的内容。

2. 流动资产投资策略。

3. 现金持有量、应收账款信用政策分析、存货经济批量以及放弃现金折扣的机会成本等的计算。

PART 1 本章知识宝图

本章共五小节，分别用星标做重要程度标注，★★★为高频考点，★★为中频考点，★为一般考点，四级考点为补充考点，可循序渐进复习。

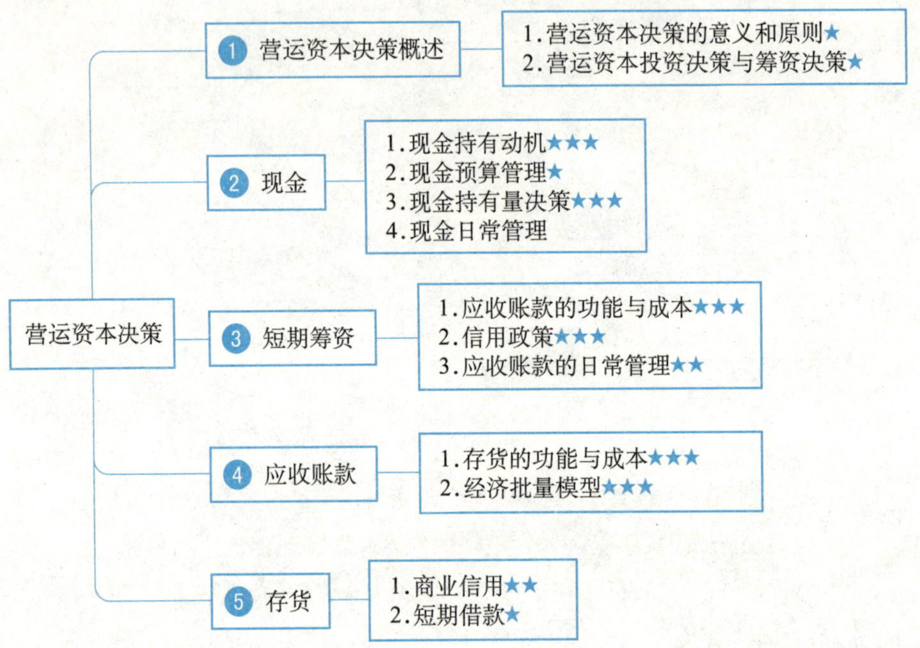

PART 2 名师伴读

名师伴读，码上听课

本视频包含《财务管理学》中的现金、应收账款、存货等。

登录 www. rdlearning. cn 观看完整内容。

PART 3 高频考点

考点 070　营运资本决策的意义和原则

【★三级考点，一般为单选题、多选题、简答题】

1. 狭义的营运资本

狭义的营运资本是指净营运资本，即流动资产减去流动负债后的差

额，通常所说的营运资本多指狭义的营运资本。

小笔记

2. 营运资本周转

营运资本周转是指公司的营运资本从现金投入生产经营开始，到最终转化为现金的过程。营运资本的周转是从现金开始到现金结束，所以又称现金周转期。

营运资本周转期包含：存货周转期、应付账款周转期、应收账款周转期。

营运资本周转期的计算公式为：

$$\text{营运资本周转期}=\text{现金周转期}=\text{存货周转期}+\text{应收账款周转期}-\text{应付账款周转期}$$

3. 缩短营运资本周转期的方法

若要加速营运资本的周转就应缩短营运资本周转期，通常可以采用以下途径：(1) 缩短存货周转期；(2) 缩短应收账款周转期；(3) 延长应付账款周转期。在其他因素不变的情况下，加速营运资本的周转，也就相应地提高了资本的利用效果。

狭义的营运资本是指净营运资本，即流动资产减去流动负债后的差额，通常所说的营运资本多指狭义的营运资本。

考点 071　营运资本投资决策与筹资决策

【★三级考点，单选题】

营运资本是流动资产和流动负债的差额。营运资本决策管理可以分为流动资产管理和流动负债管理两个方面，前者是对营运资本的投资决策，后者是对营运资本的筹资决策。

1. 营运资本投资决策

营运资本投资决策可以分为流动资产投资策略和流动资产投资日常管理。

(1) 流动资产投资策略有以下三种：宽松型流动资产投资策略（策略 A）的特点是投资收益率低、风险小。适中型流动资产投资策略（策略 B）的特点是收益和风险平衡，当公司能够比较准确地预测出未来的经济状况时，可以采取该策略。紧缩型流动资产投资策略（策略 C）的特点是收益高、风险大。

(2) 流动资产投资日常管理。流动资产投资的日常管理，是流动资产投资策略的执行过程。流动资产投资日常管理的主要内容包括现金和交易

小笔记

性金融资产管理、存货管理和应收账款管理。

2. 营运资本的筹资决策

按照流动资产的用途可将其划分为波动性流动资产和永久性流动资产。

公司的营运资本筹资决策就是对波动性流动资产、永久性流动资产和长期资产的来源进行管理，一般分为配合型、稳健型和激进型三种筹资策略。

配合型筹资策略虽然风险与收益都相对适中，但是在实践中难以实现。稳健型筹资策略是一种风险较小、收益也较低的营运资本筹资策略。激进型筹资策略是一种风险大、收益高的营运资本筹资策略。

易考点

1. 营运资本投资决策可以分为流动资产投资策略和流动资产投资日常管理。

2. 流动资产投资日常管理的主要内容包括现金和交易性金融资产管理、存货管理和应收账款管理。

考点072 现金持有动机

【★★★一级考点，单选题、简答题】

1. 现金管理的目标

现金管理的目标是在现金的流动性和收益性之间进行合理选择，即在保证正常业务经营需要的同时，尽量降低现金的占有量，并从暂时闲置的现金中获得最大的投资收益。

2. 现金持有动机

公司持有一定数量的现金，主要是为了满足交易性需求、预防性需求和投机性需求。

易考点

公司进行现金管理，要在现金的流动性和收益性之间进行权衡，需要满足满足交易性需求、预防性需求和投机性需求。

考点073 现金预算管理

【★三级考点，单选题、多选题】

现金预算管理是现金管理的核心环节和方法。

小笔记

现金预算管理是现金管理的核心环节和方法。

考点074 现金持有量决策

【★★★一级考点，单选题、计算题】

应用较为广泛的现金持有量决策方法包括成本分析模型、存货模型、米勒-奥尔模型、现金周转模型和因素分析模型。

1. 成本分析模型

成本分析模型通过分析持有现金的成本，进而求得使总成本最低的现金持有量，以此作为最佳的现金持有量。

公司持有现金的有关成本包括以下三种：机会成本、管理成本、短缺成本。

机会成本＝现金持有量×有价证券利息率

2. 存货模型

存货模型来源于存货的经济批量模型。在该模型下，持有现金的总成本包括两个方面：一是持有成本，即成本分析模型中的机会成本；二是转换成本，是指现金与有价证券转换的固定成本，与交易次数有关。

3. 现金持有量

现金持有量的计算公式：

$$C=\sqrt{\frac{2FT}{K}}$$

式中，C为现金持有量；K为有价证券利息率；T为公司在一定时期内现金的需求量；F为现金与有价证券的单位转换成本。

4. 现金周转模型

现金周转模型是从现金周转的角度出发，根据现金周转次数等指标来测算最佳现金持有量的一种模式。

现金周转期＝存货周转期＋应收账款周转期－应付账款周转期

$$现金周转次数=\frac{计算期天数}{现金周转期}$$

$$最佳现金持有量=\frac{预计现金年总需求量}{现金周转次数}$$

5. 因素分析模型

最佳现金持有量＝(上年现金平均占用额－不合理占用额)×(1±预计销售收入变化的百分比)

小笔记

1. 应用较为广泛的现金持有量决策方法包括成本分析模型、存货模型、米勒-奥尔模型、现金周转模型和因素分析模型。

2. 公司持有现金的有关成本包括以下三种：机会成本、管理成本、短缺成本。

3. 机会成本＝现金持有量×有价证券利息率。

4. 存货模型来源于存货的经济批量模型。

5. 现金持有量：$C=\sqrt{\frac{2FT}{K}}$。

考点 075　现金日常管理

【四级考点，单选题、多选题、简答题】

现金日常管理包含：建立现金收支的内部控制制度；遵守现金收支结算纪律；加速应收账款的收回；控制付款。

考点 076　应收账款的功能与成本

【★★★一级考点，单选题、多选题、简答题】

1. 应收账款的功能

应收账款的功能是指它在生产经营中的作用。应收账款的功能包括：增加销售；减少存货。

2. 应收账款的成本

应收账款的成本主要有：应收账款的机会成本；应收账款的管理成本；应收账款的坏账成本。

3. 应收账款平均余额

$$\text{应收账款平均余额}=\frac{\text{全年销售额}}{360}\times\text{平均收现期}$$

式中，全年按照 360 天计算；平均收现期是各种收现期的加权平均数。

$$\text{应收账款平均占用资本}=\text{应收账款平均余额}\times\text{变动成本率}$$

$$\text{应收账款占用资本的应计利息(机会成本)}=\text{应收账款平均占用资本}\times\text{资本成本}$$

$$\text{应收账款的坏账成本}=\text{赊销额}\times\text{预计坏账损失率}$$

小笔记

1. 应收账款的功能包括：增加销售；减少存货。

2. 应收账款的成本主要有：应收账款的机会成本；应收账款的管理成本；应收账款的坏账成本。

考点 077 信用政策

【★★★一级考点，单选题、多选题、简答题】

信用政策即应收账款的管理政策，是公司财务政策的一个重要组成部分。公司要管好、用好应收账款，必须事先制定合理的信用政策。信用政策主要包括信用标准、信用条件和收账政策三部分。

1. 信用标准

信用标准通常以预期的坏账损失率作为判别标准，进而划分信用等级。

2. 信用条件

信用条件是指公司要求顾客支付赊销款项的条件，包括信用期限、折扣期限和现金折扣。

如账单中的“2/10，n/30”就是一项信用条件，它规定如果在发票开出后 10 天内付款，可享受 2%的折扣；如果不享受折扣，则这笔货款必须在 30 天内付清。在这里，30 天为信用期限，10 天为折扣期限，2%为现金折扣。

3. 收账政策

收账政策是指信用条件被违反时，公司采取的收账策略。

易考点

1. 信用政策主要包括信用标准、信用条件和收账政策三部分。

2. 如账单中的“2/10，n/30”就是一项信用条件，它规定如果在发票开出后 10 天内付款，可享受 2%的折扣；如果不享受折扣，则这笔货款必须在 30 天内付清。在这里，30 天为信用期限，10 天为折扣期限，2%为现金折扣。

考点 078 应收账款的日常管理

【★★二级考点，单选题、多选题】

1. 信用调查

信用调查有直接调查和间接调查两类。

小笔记

间接调查的资料的主要来源：财务报表、信用评估机构、银行、其他。

2. 信用评估的方法

信用评估的两种常见的方法：定性分析法和定量分析法。

常用的信用定性分析法是5C评估法。5C评估法是指重点分析影响信用的五个方面来评价顾客信用状况的一种方法。这五个方面是：品德（Character）、能力（Capacity）、资本（Capital）、抵押（Collateral）和条件（Condition）。因为这五个方面英文单词的第一个字母都是“C”，所以将其称为5C评估法。

3. 应收账款的监控

对应收账款进行监控采用的最主要的方法是账龄分析法。账龄分析法是通过编制应收账款的账龄分析表来完成的。账龄分析表是一张能够显示应收账款账龄长短并按时间长短排序的报告。

4. 应收账款的催收

收款步骤为：信函通知、电话催收、派员面谈、交给收款机构、采取法律措施。

易考点

1. 信用评估的两种常见的方法：定性分析法和定量分析法。
2. 常用的信用定性分析法是5C评估法。

考点079　存货的功能与成本

【★★★一级考点，单选题、多选题】

1. 存货

存货是指公司在生产经营过程中为销售或耗用而储备的物资，包括原材料、低值易耗品、在产品、外购商品、自制半成品、产成品等。

2. 存货的功能

存货的功能是指存货在生产经营过程中的作用。概括起来主要有：储存必要的原材料和在产品，以保证生产的正常进行；储存必要的产成品，有利于销售；适当储存各种存货，便于组织均衡生产，降低产品成本。

3. 存货的成本

存货成本有以下几项：取得成本（包含购置成本、订货成本）；储存成本；缺货成本。

1. 存货包括原材料、低值易耗品、在产品、外购商品、自制半成品、产成品等。

2. 存货成本有以下几项：取得成本（包含购置成本、订货成本）；储存成本；缺货成本。

小笔记

考点 080 经济批量模型

【★★★一级考点，单选题、多选题】

1. 经济批量

经济批量是指能够使一定时期存货的总成本达到最低点的订货数量。通过对存货成本的分析可知，决定存货经济批量的成本因素主要包括变动订货成本、变动储存成本以及允许缺货时的缺货成本。

2. 基本经济批量模型

基本经济批量模型是假设处在一种理想的市场状况，在这种条件下，存货相关总成本公式简化为：

$$TC=\frac{D}{Q}\times K+\frac{Q}{2}+K_C$$

式中，TC 为与订货批量相关的总成本；D 为一定期间存货需求量；Q 为每次订货批量；K 为单位订货成本；K_C为单位储存成本。

3. 经济批量相关公式

$$\text{经济批量}(Q^*)=\sqrt{\frac{2KD}{K_C}}$$

$$\text{年最优订货次数}(N^*)=\frac{D}{Q}$$

$$\text{年最优订货周期}(T^*)=\frac{1\text{年}}{N^*}$$

$$\text{经济批量下的存货相关总成本}[TC(Q^*)]=\sqrt{2KDK_C}$$

$$\text{经济批量下存货占用资本}(R^*)=\frac{Q}{2}\times U$$

4. 再订货点

在提前订货的情况下，公司再次发出订货单时尚有的存货库存量，称为再订货点，用 R 表示：

$$R=L\times d$$

式中，R 为再订货点；L 为订货期；d 为存货每日需求量。

小笔记

易考点

1. 决定存货经济批量的成本因素主要包括变动订货成本、变动储存成本以及允许缺货时的缺货成本。

2. 经济批量 $(Q^*)=\sqrt{\frac{2KD}{K_C}}$；再订货点 $R=L\times d$。

考点 081 商业信用

【★★二级考点，单选题、多选题】

商业信用是自发性短期负债的主要组成部分，是指在商品交易中延期付款或延期交货所形成的借贷关系，是由于商品交易中货与钱在时间上的分离而产生的自发性短期筹资。

1. 商业信用的形式

利用商业信用筹资，主要有以下两种形式：赊购商品、预收账款。

2. 商业信用条件

商业信用条件是指销货公司要求赊购客户支付货款的条件，包括信用期限、折扣期限和现金折扣。

信用期限是公司为顾客规定的最长付款时间；折扣期限是公司为顾客规定的可享受现金折扣的付款时间；现金折扣是在顾客提前付款时公司给予的优惠。

3. 商业信用筹资的优缺点

商业信用筹资的优点：使用方便、成本低、限制少。

商业信用筹资的缺点：商业信用筹资的期限较短。

考点 082 短期借款

【★三级考点，单选题、多选题】

短期借款是公司为解决短期资本需求而向银行申请借入、期限在一年以内的款项。

1. 短期借款的种类

短期借款按照目的和用途不同，分为生产周转借款和商品周转借款、临时借款、结算借款等。

短期借款按银行发放贷款的具体形式，可以分为信用借款、经济担保借款、抵押借款等。

短期借款按借款利息支付方法的不同，分为收款法借款、贴现法借款和加息法借款。

小笔记

2. 短期借款的信用条件

短期借款的信用条件：信贷限额、周转信贷协定、补偿性余额。

3. 短期借款筹资的优缺点

短期借款筹资的优点主要表现在：与长期借款相比，筹资效率较高；筹资弹性较大。

短期借款筹资的缺点主要表现在：筹资风险和筹资成本较高，特别是存在补偿性余额时。

易考点

1. 短期借款按银行发放贷款的具体形式，可以分为信用借款、经济担保借款、抵押借款等。

2. 短期借款的信用条件：信贷限额、周转信贷协定、补偿性余额。

PART 4 难点回顾

- 物质资料生产是政治经济学研究的出发点。
- 狭义的营运资本是指净营运资本，即流动资产减去流动负债后的差额，通常所说的营运资本多指狭义的营运资本。
- 营运资本投资决策可以分为流动资产投资策略和流动资产投资日常管理。
- 流动资产投资日常管理的主要内容包括现金和交易性金融资产管理、存货管理和应收账款管理。
- 公司进行现金管理，要在现金的流动性和收益性之间进行权衡，需要满足交易性需求、预防性需求和投机性需求。
- 现金预算管理是现金管理的核心环节和方法。
- 应用较为广泛的现金持有量决策方法包括成本分析模型、存货模型、米勒-奥尔模型、现金周转模型和因素分析模型。
- 机会成本＝现金持有量×有价证券利息率。
- 信用政策主要包括信用标准、信用条件和收账政策三部分。
- 账单中的“2/10，n/30”就是一项信用条件，它规定如果在发票开出后 10 天内付款，可享受 2%的折扣；如果不享受折扣，则这笔货款必须在 30 天内付清。在这里，30 天为信用期限，10 天为折扣期限，2%为现金折扣。
- 间接调查的资料的主要来源：财务报表、信用评估机构、银行、其他。
- 信用评估的两种常见的方法：定性分析法和定量分析法。

- 常用的信用定性分析法是5C评估法。
- 存货成本有以下几项：取得成本（包含购置成本、订货成本）；储存成本；缺货成本。
- 基本经济批量模型是假设处在一种理想的市场状况，在这种条件下，存货相关总成本公式简化为：$TC=\frac{D}{Q}\times K+\frac{Q}{2}+K_C$。
- 经济批量（Q^*）$=\sqrt{\frac{2KD}{K_C}}$。
- 再订货点$R=L\times d$。
- 短期借款的信用条件：信贷限额；周转信贷协定；补偿性余额。
- 短期借款按银行发放贷款的具体形式，可以分为信用借款、经济担保借款、抵押借款等。

过考百科

营运资本的概念最初来源于美国的小贩，他们用马车满载货物沿途叫卖，这些货物被称作营运资本的原因在于：这是小贩为了获利而买卖或“周转”的货物，车和马是其固定资产。为了购买货物，他们必须借入资本，这些资本被称为营运资本贷款，营运资本贷款必须在每次售货后偿还，以向银行证明其信用良好。若小贩能够偿还贷款，则银行会继续借给其款项，这一过程被称作合理的银行举借。

PART 5 真题演练

一、单选题

1.【2016年4月】关于稳健型营运资本筹资策略，下列说法正确的是（　　）。

A. 收益性和风险性较高　　B. 收益性和风险性较低

C. 收益性较低，风险性较高　　D. 收益性较高，风险性较低

2.【2016年10月】下列可以缩短营运资本周转期的措施是（　　）。

A. 延长存货周期　　B. 延长应收账款周转期

C. 延长应付账款周期　　D. 缩短应付账款周转期

3.△【2017年10月】下列各项中，不属于营运资本范畴的是（　　）。

A. 现金　　B. 应收账款　　C. 长期负债　　D. 预付账款

4.△【2017年10月】下列属于公司应收账款成本项目的是（　　）。

A. 短缺成本　　B. 转换成本　　C. 机会成本　　D. 制造成本

5.△【2018年4月】按照现金持有量决策的存货模型，持有现金的总成本包括

（ ）。

A. 持有成本和转换成本　　B. 持有成本和管理成本

C. 持有成本和短缺成本　　D. 持有成本和储存成本

6.【2018 年 10 月】关于信用条件“4/20，n/50”的表述，正确的是（ ）。

A. 20 天内付款可享受 4%的折扣，50 天内付款可享受 20%的折扣

B. 20 天内付款可享受 4%的折扣，如不享受折扣须在 50 天内付清

C. 20 天内付款可享受 40%的折扣，50 天内付款可享受 20%的折扣

D. 20 天内付款可享受 40%的折扣，如不享受折扣须在 50 天内付清

二、多选题

1. △【2016 年 4 月】加速营运资本周转的途径有（ ）。

A. 缩短存货周转期　　B. 缩短固定资产周转期

C. 延长应付账款周转期　　D. 缩短应收账款周转期

E. 延长预付账款周转期

2.【2016 年 10 月】下列属于应收账款成本的有（ ）。

A. 机会成本　　B. 短缺成本

C. 管理成本　　D. 坏账成本

E. 销售成本

3.【2017 年 4 月】企业从银行获得短期借款的信用条件有（ ）。

A. 信贷限额　　B. 现金折扣

C. 折扣期限　　D. 补偿性余额

E. 周转信贷协议

4. △【2017 年 10 月】下列各项中，属于存货成本项目的有（ ）。

A. 取得成本　　B. 储存成本

C. 缺货成本　　D. 坏账成本

E. 转换成本

易错题

单选题 2、3、4，多选题 2、4，需要牢牢掌握知识点，认真审题，避免作答失误。△表示高频考点。

三、主观题

1. 简述营运资本周转的概念及营运资本周转期的构成。

2. 简述公司现金管理的目标及持有现金的动机。

3. 简述经济批量模式下货币资金总成本的构成及其与货币持有量的关系。

4. 简述信用政策的含义及内容。

5. 甲公司2019年现金需求量为1 600万元，存货周转期为70天，应收账款期为50天，应付账款周转期为30天。一年按360天计算。

要求：

(1) 计算2019年现金周转期、现金周转次数和最佳现金持有量。

(2) 假设甲公司现金需求量与销售收入呈同比例增长，公司2019年现金持有量为450万元，其中不合理占用额为50万元，2020年销售收入比2019年增长20%，计算2020年最佳现金持有量。

6. 某公司全年需求A零件720件，每次订货成本为100元，单位存货年储存成本为40元，假定年度内该种零件的耗用比较稳定，提前订货时间为5天，全年按360天计算。

要求：

(1) 计算经济批量。

(2) 计算最优订货次数。

(3) 计算平均每天耗用量及再订货点。

7. 甲公司是一家电子元器件生产企业，产品生产需要某种金属材料，年需求量为9 600吨。该材料的价格为每吨40 000元，每次订货成本为1 000元，该材料单位年储存成本为120元/吨。全年按360天计算。

要求：

(1) 计算该材料的经济订货批量。

(2) 计算最优订货次数。

(3) 计算最优订货周期。

(4) 计算经济订货批量下存货占用资本。

PART 6 答案解析

一、单选题

1. 答案：B

解析：如果要获得较高收益，可以使流动资产占总资产的比例适当降低，使流动负债占总资本的比例适当增加，但相应地要承担较高的风险；反之，则要承担较低的风险。

2. 答案：C

解析：若要加速营运资本的周转，就应缩短营运资本周转期，通常可以采用如下方法：(1) 缩短存货周转期；(2) 缩短应收账款周转期；(3) 延长应付账款周转期。

3. 答案：C

解析：狭义的营运资本是指净营运资本，即流动资产减去流动负债后的差额，通常所

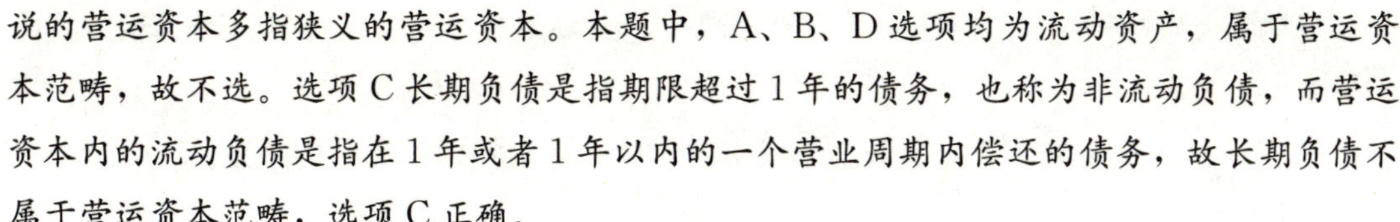

说的营运资本多指狭义的营运资本。本题中，A、B、D选项均为流动资产，属于营运资本范畴，故不选。选项C长期负债是指期限超过1年的债务，也称为非流动负债，而营运资本内的流动负债是指在1年或者1年以内的一个营业周期内偿还的债务，故长期负债不属于营运资本范畴，选项C正确。

4. 答案：C

解析：应收账款成本项目包含：应收账款的机会成本、管理成本和坏账成本。

5. 答案：A

解析：按照现金持有量的存货模型，持有现金的总成本包括持有成本和转换成本。

6. 答案：B

解析：信用期限是公司为顾客规定的最长付款时间；折扣期限是公司为顾客规定的可享受现金折扣的付款时间；现金折扣是公司为鼓励客户提前付款而给予的折扣优惠。如账单中的“4/20，n/50”就是一项信用条件，它规定如果在发票开出后20天内付款，可享受4%的折扣；如果不享受折扣，则这笔货款必须在50天内付清，在这里，50天为信用期限，20天为折扣期限，4%为现金折扣。

二、多选题

1. 答案：ACD

解析：若要加速营运资本的周转，就应缩短营运资本周转期，通常可以采用以下途径：(1) 缩短存货周转期；(2) 缩短应收账款周转期；(3) 延长应付账款周转期。在其他因素不变的情况下，加速营运资本的周转，也就相应地提高了资本的利用效果。

2. 答案：ACD

解析：应收账款成本的有应收账款的机会成本、管理成本和坏账成本。

3. 答案：ADE

解析：短期借款的信用条件有：信贷限额、周转信贷协议、补偿性余额。

4. 答案：ABC

解析：存货成本项目有：取得成本、储存成本、缺货成本。

三、主观题

1. 简述营运资本周转的概念及营运资本周转期的构成。

答：

营运资本周转是指公司的营运资本从现金投入生产经营开始，到最终转化为现金的过程。营运资本周转期又称现金周转期，包括：存货周转期、应收账款周转期、应付账款周转期。

2. 简述公司现金管理的目标及持有现金的动机。

答：

公司现金管理的目标：在现金的流动性和收益性之间进行合理选择，即在保持正常业务经营需要的同时，尽量降低现金的占有量，并从暂时闲置的现金中获得最大的投资收益。

持有现金的动机：公司持有一定数量的现金，主要是为了满足交易性需求、预防性需求和投机性需求。

3. 简述经济批量模式下货币资金总成本的构成及其与货币持有量的关系。

答：

(1) 货币资金总成本构成内容：1) 持有成本，指持有货币资金而损失的利息收入或因借款而支付的利息，又称为机会成本；2) 转换成本，指用有价证券等资产换成货币资金而发生的固定成本，一般它与转换次数成正比。

(2) 货币持有量与持有成本呈正相关关系；货币持有量与转换成本呈负相关关系。

4. 简述信用政策的含义及内容。

答：

信用政策即应收账款的管理政策，是公司财务政策的一个重要组成部分。

信用政策主要包括信用标准、信用条件和收账政策三部分，其中信用条件又包括信用期限、折扣期限和现金折扣。

5. 甲公司 2019 年现金需求量为 1 600 万元，存货周转期为 70 天，应收账款期为 50 天，应付账款周转期为 30 天。一年按 360 天计算。

要求：

(1) 计算 2019 年现金周转期、现金周转次数和最佳现金持有量。

(2) 假设甲公司现金需求量与销售收入呈同比例增长，公司 2019 年现金持有量为 450 万元，其中不合理占用额为 50 万元，2020 年销售收入比 2019 年增长 20%，计算 2020 年最佳现金持有量。

答：

(1) 现金周转期＝70＋50－30＝90（天）；现金周转次数＝360÷90＝4（次）；

2019 年最佳现金持有量＝1 600÷4＝400（万元）。

(2) 2020 年最佳现金持有量＝(450－50)×(1＋20%)＝480（万元）。

6. 某公司全年需求 A 零件 720 件，每次订货成本为 100 元，单位存货年储存成本为 40 元，假定年度内该种零件的耗用比较稳定，提前订货时间为 5 天，全年按 360 天计算。

要求：

(1) 计算经济批量。

(2) 计算最优订货次数。

(3) 计算平均每天耗用量及再订货点。

答：

(1) 经济批量 $(Q^*)=\sqrt{\frac{2KD}{K_C}}=\sqrt{\frac{2\times720\times100}{40}}=60$（件）。

(2) 最优订货次数＝720÷60＝12（次）。

(3) 平均每天耗用量=720÷360=2（件）；再订货点=2×5=10（件）。

7. 甲公司是一家电子元器件生产企业，产品生产需要某种金属材料，年需求量为9 600吨。该材料的价格为每吨 40 000 元，每次订货成本为 1 000 元，该材料单位年储存成本为 120 元/吨。全年按 360 天计算。

要求：

(1) 计算该材料的经济订货批量。

(2) 计算最优订货次数。

(3) 计算最优订货周期。

(4) 计算经济订货批量下存货占用资本。

答：

(1) 该材料的经济订货批量 $(Q^*)=\sqrt{\dfrac{2KD}{K_C}}=\sqrt{\dfrac{2\times 1\ 000\times 9\ 600}{120}}=400$（吨）。

(2) 最优订货次数（N^*）=9 600/400=24（次）。

(3) 最优订货周期（T^*）=360/24=15（天/次）。

(4) 经济订货批量下存货占用资本（R^*）=400/2×40 000=8 000 000（元）。

恭喜你完成第九章内容的学习，全书章节进度已完成 9/10。学习的敌人是自己的满足，认真学习必须从不自满开始。对自己，“学而不厌”；对他人，“诲人不倦”，我们应抱有这种态度。在此，记录下你的学习心得吧。

第十章　股利分配决策

备考指南

通过本章的学习，你应了解利润分配的内容和意义；理解股利支付程序和股利支付方式；理解股利理论的基本观点；掌握股利政策制定应考虑的因素；掌握不同类型股利政策的特点；理解股票股利、股票分割与股票回购对公司和股东的影响。本章重要程度为★★，多以单选题出现，少数以简答题形式出现。复习时，可充分利用书中“小笔记”部分进行归纳总结。

学习目标

通过本章的学习，你将掌握以下知识点：

1. 股利支付的程序与方式。

2. 股利理论的基本观点。

3. 影响股利政策制定的因素。

4. 股利政策的类型。

5. 股票股利与股票分割对股东权益的影响，以及股票股利、股票分割和股票回购对公司和股东的影响。

本章共三小节，分别用星标做重要程度标注，★★★为高频考点，★★为中频考点，★为一般考点，四级考点为补充考点，可循序渐进复习。

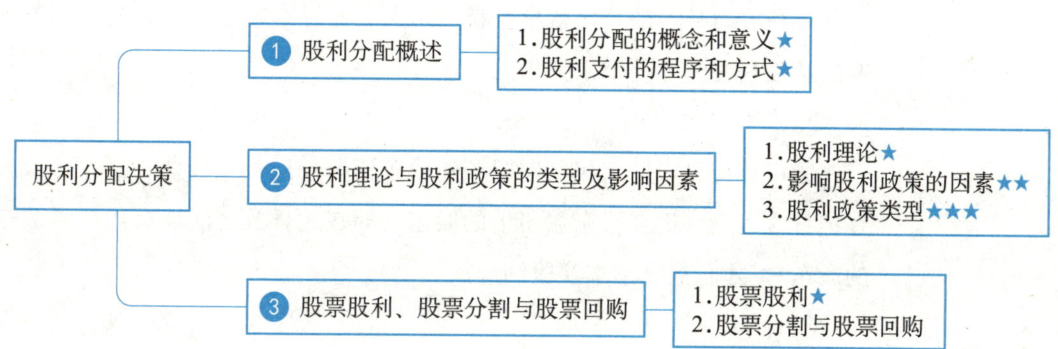

PART 2 名师伴读

名师伴读，码上听课

本视频包含《财务管理学》中的股利分配理论、政策等。

登录 www.rdlearning.cn 观看完整内容。

PART 3 高频考点

考点 083 股利分配的概念和意义

【★三级考点，单选题】

1. 股利分配

股利分配是指公司按照国家的有关规定，在兼顾公司发展和投资者及各方利益的基础上，对实现的税后利润即净利润所进行的分配。

2. 公司税后利润分配的项目

公司税后利润分配的项目有：法定公积金、股利。

3. 法定公积金

法定公积金是从净利润中按比例提取形成的、用于弥补公司亏损、扩大生产经营或转增资本的留存收益。法定公积金的提取比例是 10%；当

小笔记

法定公积金累计金额达到注册资本的50%时，可不再提取。

考点084　股利支付的程序和方式

【★三级考点，单选题】

1. 股利宣布日

股利宣布日，即公司董事会将股东大会通过本年度利润分配方案的情况以及股利支付情况予以公告的日期。

2. 股权登记日

股权登记日，即有权领取股利的股东资格登记截止日期。只有在股权登记日这一天登记在股东名册上的股东（即在此日及之前持有或买入股票的股东），才有权分享本期股利。

3. 除息日

除息日，即领取股利的权利与股票相互分离的日期。在除息日前，股利权从属于股票，持有股票者即享有领取股利的权利；在除息日当日及以后买入的股票不再享有本次股利分派的权利。

4. 股利支付日

股利支付日，即公司确定的向股东正式发放股利的日期。

5. 股利支付方式

股份有限公司的股利支付方式：现金股利、股票股利。

易考点

1. 公司分配股利必须遵循法定的程序，其重要日期有股利宣布日、股权登记日、除息日、股利支付日。

2. 公司的股利支付方式：现金股利、股票股利。

考点085　股利理论

【★三级考点，单选题】

1. 股利无关论

股利无关论认为股利分配对公司的市场价值不会产生影响。股票价格与公司的股利政策是无关的。

2. 股利相关论

股利相关论认为公司的股利分配对公司市场价值有影响。观点有：“一鸟在手”理论、信号传递理论、税差理论、代理理论。

小笔记

考点 086 影响股利政策的因素

【★★二级考点，单选题、多选题】

1. 法律因素

资本保全原则；企业累计的约束；保持偿债能力原则；税收约束。

2. 公司内部因素

变现能力；筹资能力；资本结构和资本成本；投资机会；盈利能力。

3. 股东因素

股权控制权的要求；低税负与稳定收入的要求。

4. 其他因素

通货膨胀因素；股利政策的惯性；契约因素。

易考点

影响股利政策的因素：法律因素、公司内部因素、股东因素、其他因素。

考点 087 股利政策类型

【★★★二级考点，单选题、简答题】

1. 剩余股利政策

(1) 采用剩余股利政策，就是将公司的税后可供分配利润首先用作内部筹资，然后再将剩余的利润向股东分配。

(2) 运用剩余股利政策时，应遵循以下四个步骤：

第一步，确定最佳的投资预算。

第二步，根据目标或最佳的资本结构，确定投资预算中所需要筹集的股东权益资本额。

第三步，最大限度地运用留存收益来满足投资预算中所需要的股东权益资本额。

第四步，当利润满足最佳投资预算后仍有剩余时，才可以用剩余的利润发放股利。

(3) 采用剩余股利政策的意义主要在于保持目标或最佳的资本结构，使加权平均成本最低，进而使公司的股票价格达到最高。

2. 固定或稳定增长股利政策

(1) 固定或稳定增长股利政策是指公司将每年发放的股利固定在某一水平上并在较长时期内保持不变，只有当公司确信未来利润将显著且不可

小笔记

逆转地提高时，才增加年度的股利发放额。

（2）采用固定或稳定增长股利政策的意义：能增强投资者的信心；能满足投资者取得正常稳定收入的需要；能在一定程度上降低资本成本并提高公司价值。

（3）固定或稳定增长股利政策的缺点：股利的发放与公司利润相脱节。

3. 固定股利支付率政策

固定股利支付率政策是指公司按照一个固定不变的比率发放股利，支付给股东的股利随盈利的多少而相应变化。

固定股利支付率政策的缺点：当公司盈利不稳定时，采用这一政策会使各年度的股利发放额变化较大，容易造成公司信誉下降，股东投资信心动摇，资本成本升高，股票价格上下波动。

4. 低正常股利加额外股利政策

低正常股利加额外股利政策是公司在一般情况下，每年只发放固定的、数额较低的股利；在公司经营业绩非常好的年份，除了按期支付给股东固定股利外，再加付额外的股利。

易考点

1. 股利政策类型：剩余股利政策、固定或稳定增长股利政策、固定股利支付率政策、低正常股利加额外股利政策。

2. 各股利政策类型的特点。

考点 088　股票股利

【★三级考点，单选题】

（1）发放股票股利不会对公司股东权益总额产生影响，只是内部构成项目比例发生了变动。

（2）如果盈利总额和市盈率不变，发放股票股利会因发行在外普通股股数增加而引起每股收益和每股市价下降，但发放股票股利并不改变股东的持股比例，因此每位股东所持有的股票市场价值总额不变。

发放股票股利不会对公司股东权益总额产生影响，只是内部构成项目比例发生了变动。

考点 089　股票分割与股票回购

【四级考点，单选题】

小笔记

1. 股票分割

股票分割时，发行在外的股数增加，使得每股面额降低，每股收益下降，但公司的价值不变，股东权益总额和股东权益内部各项目的构成比例也不变。

2. 股票回购

股票回购是指公司在有多余现金时，向股东回购自己的股票，以此来代替现金股利。

股票回购是指公司在有多余现金时，向股东回购自己的股票，以此来代替现金股利。

PART 4 难点回顾

- 公司税后利润分配的项目有：法定公积金、股利。
- 股权登记日，即有权领取股利的股东资格登记截止日期。只有在股权登记日这一天登记在股东名册上的股东，才有权分享本期股利。
- 公司分配股利必须遵循法定的程序，其重要日期有股利宣布日、股权登记日、除息日、股利支付日。
- 公司的股利支付方式：现金股利、股票股利。
- 影响股利政策的因素：法律因素、公司内部因素、股东因素、其他因素。
- 股利政策类型：剩余股利政策、固定或稳定增长股利政策、固定股利支付率政策、低正常股利加额外股利政策。

过考百科

股票股利是公司以发放的股票作为股利的支付方式。

股票分割是指将面额较高的股票转换成面额较低的股票的行为。

股票回购是指公司在有多余现金时，向股东回购自己的股票，以此来代替现金股利。

PART 5 真题演练

一、单选题

1.【2016 年 4 月】能直接用于向股东分配的利润是（　　）。

A. 净利润　　B. 营业利润　　C. 利润总额　　D. 息税前利润

2.【2016 年 4 月】有利于公司保持目标资本结构的股利政策是（　　）。

A. 剩余股利政策　　B. 固定股利支付率政策

C. 固定或稳定增长股利政策　　D. 低正常股利加额外股利政策

3. △【2016 年 10 月】公司进行股票分割后，股东权益总额的变化为（　　）。

A. 增加　　B. 不变　　C. 减少　　D. 不确定

4. △【2017 年 4 月】在股利支付程序中，有权领取股利的股东资格登记截止日期称为（　　）。

A. 除息日　　B. 股权登记日　　C. 股利宣布日　　D. 股利支付日

5. △【2017 年 4 月】公司进行股票分割，带来的影响是（　　）。

A. 每股面值下降　　B. 股东权益减少

C. 股票价格上升　　D. 发行在外的股票数量减少

6.【2017 年 10 月】下列属于影响公司股利政策的法律因素是（　　）。

A. 资本保全原则　　B. 资产的变现能力

C. 公司的筹资能力　　D. 公司的资本结构

7. △【2018 年 10 月】我国规定，股东领取股利的权利与股票相互分离的日期是（　　）。

A. 除息日　　B. 股权登记日

C. 股利宣布日　　D. 股利支付日

易错题

单选题 3、4、5、6、7，需要牢牢掌握知识点，认真审题，避免作答失误。

△表示高频考点。

二、主观题

1. 简述股利政策的类型。
2. 简述公司运用剩余股利政策确定股利分配政策的步骤。
3. 简述固定股利支付率政策的含义及缺点。
4. 简述低正常股利加额外股利政策的优点。

一、单选题

1. 答案：A

解析：股利分配是指公司按照国家的有关规定，在兼顾公司发展和投资者及各方利润的基础上，对实现的税后利润即净利润所进行的分配。

2. 答案：A

解析：采用剩余股利政策的意义主要在于保持目标或最佳的资本结构，使加权平均成本最低，进而使公司的股票价格达到最高。

3. 答案：B

解析：股票分割时，发行在外的股数增加，使得每股面额降低，每股收益下降，但公司的价值不变，股东权益总额和股东权益内部各项目的构成比例也不变。

4. 答案：B

解析：股权登记日，即有权领取股利的股东资格登记截止日期。只有在股权登记日这一天登记在股东名册上的股东（即在此日及之前持有或买入股票的股东），才有权分享本期股利。

5. 答案：A

解析：股票分割时，发行在外的股数增加，使得每股面额降低，每股收益下降，但公司的价值不变，股东权益总额和股东权益内部各项目的构成比例也不变。

6. 答案：A

解析：影响公司股利政策的法律因素：资本保全原则、企业累计的约束、保持偿债能力的原则、税收约束。

7. 答案：A

解析：除息日，即领取股利的权利与股票相互分离的日期。

二、主观题

1. 简述股利政策的类型。

答：

（1）剩余股利政策。

（2）固定或稳定增长股利政策。

（3）固定股利支付率政策。

（4）低正常股利加额外股利政策。

2. 简述公司运用剩余股利政策确定股利分配政策的步骤。

答：

（1）确定最佳的投资预算。

（2）根据目标或最佳资本结构，确定投资预算中所需要筹集的股东权益资本额。

（3）最大限度运用留存收益来满足投资预算中所需要的股东权益资本额。

（4）利润满足最佳投资预算后仍有剩余，用剩余的利润发放股利。

3. 简述固定股利支付率政策的含义及缺点。

答：

固定股利支付率政策是指公司按照一个固定不变的比率发放股利，支付给股东的股利随盈利的多少而相应变化。

固定股利支付率政策的缺点是：当公司盈利不稳定时，采用这一政策会使各年度的股利发放额变化较大，容易造成公司信誉下降，股东投资信心动摇，资本成本升高，股票价格上下波动。

4. 简述低正常股利加额外股利政策的优点。

答：

（1）能使公司具备较强的机动灵活性。

（2）适时而恰到好处地支付额外股利，既可以使公司保持正常、稳定的股利，又能使股东分享公司繁荣的好处，并向市场传递有关公司当前和未来经营业绩良好的信息。

（3）这种股利政策可以使依赖股利收入的股东在各年能得到最基本的收入而且比较稳定，因而对有这种需求的投资者有很强的吸引力。

恭喜你完成所有内容的学习。读书之法，在于循序而渐进，熟读而精思。在此，记录下你的学习心得吧。

附　录

2019 年 4 月高等教育自学考试全国统一命题考试

账务管理学（课程代码　00067）

一、单选题（本大题共 20 小题，每小题 1 分，共 20 分。在每小题列出的备选项中只有一项是最符合题目要求的，请将其选出。）

1. 公司发行债券取得资本的活动属于（　　）。

A. 筹资引起的财务活动　　B. 投资引起的财务活动

C. 经营引起的财务活动　　D. 股利分配引起的财务活动

2. 下列不属于风险补偿收益率的是（　　）。

A. 纯利率　　B. 违约风险收益率

C. 流动性风险收益率　　D. 期限性风险收益率

3. 无限期等额收付的系列款项称为（　　）。

A. 后付年金　　B. 递延年金　　C. 永续年金　　D. 先付年金

4. 甲乙两方案投资收益率的期望值相等，甲方案的标准离差为 10%，乙方案的标准离差为 8%，则下列说法正确的是（　　）。

A. 甲乙两方案的风险相同　　B. 甲方案的风险大于乙方案

C. 甲方案的风险小于乙方案　　D. 甲乙两方案的风险无法比较

5. 反映公司在某一特定日期财务状况的报表是（　　）。

A. 利润表　　B. 资产负债表　　C. 现金流量表　　D. 现金预算表

6. 某公司 2015 年营业收入为 6 000 万元，应收账款平均余额为 1 000 万元，则应收账款周转率是（　　）。

A. 0.17 次　　B. 1.2 次　　C. 5 次　　D. 6 次

7. 本量利分析是一种利润规划分析方法，其内容是（　　）。

A. 对成本、投资和利润之间的互相依存关系进行综合分析

B. 对投资、销售量和利润之间的互相依存关系进行综合分析

C. 对成本、销售量和利润之间的互相依存关系进行综合分析

D. 对成本、销售量和投资之间的互相依存关系进行综合分析

8. 下列各项中，属于财务预算的是（　　）。

A. 生产预算　　B. 现金预算　　C. 产品成本预算　　D. 制造费用预算

9. 下列属于债务资本筹集方式的是（　　）。

A. 留存收益　　　B. 长期借款　　　C. 发行普通股　　　D. 发行优先股

10. 与普通股筹资相比，优先股筹资的优点是（　　）。

A. 不用偿还本金　　　B. 没有固定到期日

C. 资本成本较低　　　D. 有利于增强公司信誉

11. 计算资本成本时，不需要考虑筹资费用的筹集方式是（　　）。

A. 优先股　　　B. 长期债券　　　C. 留存收益　　　D. 长期借款

12. 某公司债券的资本成本为8%，相对于该债券的普通股风险溢价为3%，则根据风险溢价模型计算的留存收益资本成本为（　　）。

A. 3%　　　B. 5%　　　C. 8%　　　D. 11%

13. 某公司经营杠杆系数为4，财务杠杆系数为2，则复合杠杆系数为（　　）。

A. 0.5　　　B. 2　　　C. 6　　　D. 8

14. 下列各种筹资方式中，能够降低公司资产负债率的是（　　）。

A. 发行债券　　　B. 融资租赁　　　C. 发行股票　　　D. 银行借款

15. 下列属于项目建设期现金流量构成内容的是（　　）。

A. 折旧　　　B. 营业收入

C. 付现经营成本　　　D. 固定资产的安装成本

16. 下列关于内含报酬率的表述，正确的是（　　）。

A. 内含报酬率没有考虑时间价值

B. 内含报酬率是能够使项目净现值小于零的折现率

C. 内含报酬率是能够使项目净现值等于零的折现率

D. 内含报酬率是能够使项目净现值大于零的折现率

17. 某公司2015年年末流动资产合计2 000万元，流动负债合计1 200万元，则其狭义的营运资本为（　　）。

A. 800万元　　　B. 1 200万元　　　C. 2 000万元　　　D. 3 200万元

18. 公司为应对意外事项的发生而持有现金的动机是（　　）。

A. 预防性需求　　　B. 交易性需求　　　C. 投机性需求　　　D. 投资性需求

19. 下列不属于股利理论的是（　　）。

A. 税差理论　　　B. 投资组合理论　　　C. 信号传递理论　　　D. “一鸟在手”理论

20. 公司发放股票股利后，引起的变化是（　　）。

A. 股东持股比例减少　　　B. 股东持股比例增加

C. 股东持股数量减少　　　D. 股东持股数量增加

二、多选题（本大题共5小题，每小题2分，共10分。在每小题列出的备选项中至少有两项是符合题目要求的，请将其选出，错选、多选或少选均无分。）

21. 下列关于投资组合β系数的表述，正确的有（　　）。

A. 反映了投资组合系统风险的大小

B. 反映了投资组合非系统风险的大小

C. 投资组合的β系数受组合中各证券β系数的影响

D. 投资组合的β系数受组合中各证券投资比重的影响

E. 投资组合的β系数是组合中各证券β系数的加权平均

22. 下列关于利息保障倍数的表述，正确的有（　　）。

A. 利息保障倍数是营业收入与利息费用的比值

B. 利息保障倍数是息税前利润与利息费用的比值

C. 利息保障倍数可用来衡量公司偿还债务利息的能力

D. 利息保障倍数越小，说明公司对债权人的吸引力越大

E. 利息保障倍数越大，说明公司支付利息费用的能力越强

23. 下列属于公司长期资本筹集方式的有（　　）。

A. 发行股票

B. 商业信用

C. 融资租赁

D. 短期借款

E. 留存收益

24. 下列属于存货成本的有（　　）。

A. 购置成本

B. 缺货成本

C. 储存成本

D. 沉没成本

E. 订货成本

25. 下列属于股利政策类型的有（　　）。

A. 剩余股利政策

B. 固定股利政策

C. 稳定增长股利政策

D. 固定股利支付率政策

E. 低正常股利加额外股利政策

三、简答题（本大题共 3 小题，每小题 5 分，共 15 分。）

26. 简述股东财富最大化作为财务管理目标的优缺点。

27. 简述全面预算的含义及构成。

28. 简述项目投资的含义及特点。

四、计算题（本大题共 6 小题，任选其中的 4 小题解答，若解答超过 4 题，按前 4 题计分，每小题 10 分，共 40 分。）

计算题可能用到的系数

n	1	2	3	4	5
(P/F，6%，n)	0.943 4	0.890 0	0.839 6	0.792 1	0.747 3
(P/A，6%，n)	0.943 4	1.833 4	2.673 0	3.465 1	4.212 4
(P/F，10%，n)	0.909 1	0.826 4	0.751 3	0.683 0	0.620 9
(P/A，10%，n)	0.909 1	1.735 5	2.486 9	3.169 9	3.790 8

29. 某公司产销单一产品，该产品售价为每件 20 元，单位变动成本为 12 元，全年固定成本 600 000 元，目标利润 400 000 元。

要求：(1) 计算盈亏临界点的销售量；

(2) 计算实现目标利润的销售量和销售额；

(3) 若公司正常销售量为 90 000 件，计算安全边际。

30. 某公司拟筹资 1 000 万元，资金来源如下：

(1) 向银行取得长期借款 200 万元，年利率 8%，每年付息一次，到期还本；

(2) 按面值发行优先股 400 万元，年股息率 12%；

(3) 按每股 10 元发行普通股 40 万股，预计普通股每年发放固定股利每股 1.5 元。

上述筹资方式均不考虑筹资费用。该公司适用的所得税税率为 25%。

要求：(1) 分别计算长期借款、优先股、普通股的资本成本；

(2) 计算该筹资方案的加权平均资本成本。

31. 某公司 2015 年平均总资产为 6 000 万元，平均负债为 3 600 万元，平均所有者权益为 2 400 万元，当年实现净利润 450 万元。

要求：(1) 计算权益乘数；

(2) 计算总资产净利率；

(3) 计算净资产收益率；

(4) 如果权益乘数不变、总资产净利率提高，判断净资产收益率将如何变化。(计算结果保留小数点后两位)

32. 某投资者拟购买 H 公司新发行的面值为 1 000 元的 5 年期债券，该债券票面利率为 8%，每年年末付息一次，到期还本。

要求：(1) 当投资者要求的收益率为 6%时，计算该债券的价值。如果该债券的市价为 1 100 元，判断是否值得投资。

(2) 当投资者要求的收益率为 8%和 10%时，分别判断债券的价值与面值之间的关系。(计算结果保留小数点后两位)

33. 某项目固定资产投资为 10 000 万元，寿命期 5 年，采用直线法计提折旧，期末无残值。寿命期内年销售收入为 8 000 万元，年付现成本为 3 000 万元。假设公司要求的必要报酬率为 10%，公司适用的所得税税率为 25%。

要求：(1) 计算固定资产年折旧额；

(2) 计算年净利润；

(3) 计算年营业现金净流量；

(4) 计算该项目的净现值，并根据净现值判断项目是否可行。

34. 某企业进行一项投资，项目收益率及概率分布如下表所示。

市场状况	概率分布	收益率
繁荣	0.3	20%
正常	0.6	10%
萧条	0.1	5%

要求：(1) 计算项目收益率的期望值；

(2) 计算项目收益率的标准离差和标准离差率；

(3) 如果市场繁荣的概率增加，判断项目收益率的期望值将如何变化。

(计算结果保留小数点后两位)

五、案例分析题（本题 15 分。）

35. 案例材料：

H 公司一直按年增长率 5%分配现金股利，2014 年度每股派发现金股利 0.5 元。2015 年度公司实现净利润 10 000 万元，发行在外的普通股 10 000 万股。公司 2016 年计划新增一投资项目，需要资金 18 000 万元。公司召开董事会会议，讨论股利分配方案：

(1) 董事甲认为，公司的主要投资者希望得到持续的现金回报，为了增强投资者信心，树立公司良好形象，公司应继续按 5%的增长率分配现金股利。

(2) 董事乙认为，应该为项目投资保留所需资金，通过股利分配向市场传递利好信息，建议改变现行的股利分配方式，采用每 10 股送 5 股的股利分配方案。

结合案例材料，回答下列问题：

(1) 按照董事甲的观点，确定 H 公司 2015 年度应分配的现金股利总额；

(2) 指出 H 公司现行的股利支付方式，并分析其优点；

(3) 指出董事乙建议的股利支付方式，并分析其优点。

2019 年 4 月高等教育自学考试全国统一命题考试
参考答案

一、单选题

1.【答案】A

【解析】本题考核公司各类财务活动。题干中公司发行债券取得资本的活动属于公司筹资引起的财务活动。故本题选 A。属于企业筹资引起的财务活动还有发行股票、向银行借款、吸收直接投资等。

2.【答案】A

【解析】纯利率是指在无通货膨胀和无风险情况下的社会平均利润率，不属于风险补偿收益率。

3.【答案】C

【解析】本题考核概念知识。根据题干描述，本题选 C，永续年金是指无限期等额收付的系列款项。

选项 A 后付年金也称普通年金，是指从第一期起，在一定时期内每期期末等额收付的系列款项。选项 B 递延年金是指距今若干期以后发生的系列等额收付款项。选项 D 先付年金，又称即付年金或预付年金，指从第一期起，在一定时期内每期期初等额收付的系列款项。

4.【答案】B

【解析】在期望值相同的情况下，标准离差越大，说明各种可能情况与期望值的偏差越大，风险越高；反之，标准离差越小。本题题干描述，甲的标准离差值＞乙的标准离差值，故而甲方案的风险也大于乙方案风险，故本题选 B。

5.【答案】B

【解析】本题考核概念知识。反映公司在某一特定日期的财务状况的报表是资产负债表，故本题选 B。

利润表是反映公司在一定会计期间经营成果的报表。

现金流量表是反映公司一定会计期间现金和现金等价物流入和流出的报表。

现金预算是反映预期内企业现金流转状况的预算。

6.【答案】D

【解析】应收账款周转率是指公司一定时期内的赊销收入净额同应收账款平均余额的比值。

故应收账款周转率＝营业收入/平均应收账款＝6 000/1 000＝6（次），故本题选 D。

7. 【答案】C

【解析】本量利分析主要是对成本、销售量和利润之间的互相依存关系进行综合分析。

8. 【答案】B

【解析】财务预算是与公司现金收支、经营成果和财务状况有关的各种预算，本题选B。选项ACD属于日常业务预算，日常业务预算是指与公司日常经营活动直接相关的经营业务的各种预算。具体包括销售预算、生产预算、直接材料预算、直接人工预算、制造费用预算、产成品预算、销售及管理费用预算等。

9. 【答案】B

【解析】公司通过发行债券、向银行借款、融资租赁等方式筹集的资本属于公司的债务资本。故本题选B。选项ACD属于筹集权益资本。

10. 【答案】C

【解析】本题考核普通股筹资和优先股筹资的优点，正确答案为C，选项ABD为二者皆有的优点，不选。

优先股筹资的优点：没有固定到期日，不用偿还本金；股息支付既固定又有一定的弹性；有利于增强公司信誉。

普通股筹资的优点：没有固定的股利负担；没有固定的到期日，无须偿还；能增强公司的荣誉；筹资限制少。

11. 【答案】C

【解析】留存收益的资本成本是不需要考虑筹资费用的。留存收益是由企业税后净利润形成的，是一种所有者权益，其实质是所有者向企业的追加投资。故本题应选C。

12. 【答案】D

【解析】按照风险溢价模型，留存收益资本成本$=8\%+3\%=11\%$。

13. 【答案】D

【解析】复合杠杆系数的简化计算公式为：$DCL=DOL\times DFL$，其中，DOL为经营杠杆系数，DFL为财务杠杆系数。根据题干提供的数据，$DCL=DOL\times DFL=4\times 2=8$。故本题选D。

14. 【答案】C

【解析】根据题干，要降低公司资产负债率，就需要减少负债，增加资金的流入，选项中只有C项发行股票符合题干要求，选项ABD只能增加企业债务，提高资产负债率。

15. 【答案】D

【解析】建设期现金流量指初始投资阶段发生的现金流量，一般包括如下几个部分：在固定资产上的投资；垫支的营运资本；其他投资费用；原有固定资产的变现收入。结合选项，本题选D。

16.【答案】C

【解析】内含报酬率（IRR）是指能够使未来现金流入量的现值等于现金流出量现值的折现率，或者说是使投资项目净现值为零的折现率。故选项 C 表述正确，当选。选项 A 表述有误，内含报酬率考虑了资金的时间价值，反映了投资项目的真实报酬率。

17.【答案】A

【解析】本题考核对狭义的营运资本概念的掌握。狭义的营运资本是指净营运资本，即流动资产减去流动负债后的差额，通常所说的营运资本多指狭义的营运资本。结合题干信息，本题中狭义的营运资本＝2 000－1 200＝800（万元）。故本题选 A。

18.【答案】A

【解析】公司为应对意外事项的发生而持有现金的动机是预防性需求，本题选 A。

19.【答案】B

【解析】股利理论有："一鸟在手"理论；信号传递理论；税差理论；代理理论。不包括投资组合理论，故本题选 B。

20.【答案】D

【解析】公司发放股票股利后，并不改变股东的持股比例，只是发行在外的普通股股数增加。故本题选 D。

二、多选题

21.【答案】ACDE

【解析】选项 B 表述有误，β 系数衡量的是系统风险，不是非系统风险。

22.【答案】BCE

【解析】利息保障倍数又称已获利息倍数，是指公司一定时期息税前利润与利息费用的比值，用以衡量公司偿还债务利息的能力。利息保障倍数越大，说明公司支付利息费用的能力越强，对债权人越有吸引力。综述，本题选 BCE。

23.【答案】ACE

【解析】筹集长期资本有两个途径：一个是借入长期负债，即长期债务筹资；另一个是筹集权益资本。权益资本的筹集途径一般包括吸收直接投资、发行股票和留存收益。长期资本通常采用吸收直接投资、发行股票、发行公司债券、银行长期借款、融资租赁和内部积累等方式来筹集。综述，本题选 ACE。选项 BD 属于短期资本筹集方式。

24.【答案】ABCE

【解析】存货成本有以下几项：取得成本（包含购置成本、订货成本）；储存成本；缺货成本。故本题选 ABCE。

25.【答案】ABCDE

【解析】股利政策类型：剩余股利政策、固定或稳定增长股利政策、固定股利支付率政策、低正常股利加额外股利政策。故本题全选。

三、简答题

26.【答案】

优点：(1) 考虑了货币时间价值和投资风险价值。(2) 反映了资产保值增值的要求，股东财富越多，资产市场价值越大。

缺点：(1) 只强调股东的利益，对公司其他利益相关者重视不够。(2) 影响股票价格的因素并非都是公司所能控制的，把公司不可控的因素引入财务管理目标是不合理的。

27.【答案】

全面预算的含义：全方位地规划公司计划期的经济活动及其成果，为公司和职能部门明确目标和任务的预算体系。

全面预算的构成：特种决策预算、日常业务预算和财务预算。

28.【答案】

项目投资的含义：以特定项目为对象，对公司内部各种生产经营资产的长期投资行为。

特点：(1) 项目投资的回收时间长；(2) 项目投资的变现能力较差；(3) 项目投资的资金占用数量相对稳定；(4) 项目投资的实物形态与价值形态可以分离。

四、计算题

29.【答案】

(1) 盈亏临界点的销售量＝600 000÷(20－12)＝75 000（件）。

(2) 目标利润的销售量＝(600 000＋400 000)÷(20－12)＝125 000（件）。

目标利润的销售额＝125 000×20＝2 500 000（元）。

(3) 安全边际＝90 000－75 000＝15 000（件）。

30.【答案】

(1) 长期借款的资本成本＝8%×(1－25%)＝6%。

优先股的资本成本＝12%。

普通股的资本成本＝1.5÷10×100%＝15%。

(2) 加权平均资本成本＝200÷1 000×6%＋400÷1 000×12%＋400÷1 000×15%＝12%。

31.【答案】

(1) 权益乘数＝6 000÷2 400＝2.5。

(2) 总资产净利率＝450÷6 000×100%＝7.5%。

(3) 净资产收益率＝7.5%×2.5＝18.75%。

或：净资产收益率＝450÷2 400×100%＝18.75%。

(4) 权益乘数不变、总资产净利率提高会引起净资产收益率提高。

32.【答案】

(1) 债券价值＝1 000×8%×(*P*/*A*，6%，5)＋1 000×(*P*/*F*，6%，5)

＝80×4.212 4＋1 000×0.747 3＝1 084.29（元）。

该债券的市价为 1 100 元，大于债券的价值 1 084.29 元，不值得投资。

(2) 当投资者要求的收益率为 8%时，债券的价值等于面值；当投资者要求的收益率为 10%时，债券的价值低于面值。

33.【答案】

(1) 年折旧额=10 000÷5=2 000（万元）。

(2) 年净利润=(8 000−3 000−2 000)×(1−25%)=2 250（万元）。

(3) 营业现金净流量=2 250+2 000=4 250（万元）。

(4) 净现值=−10 000+4 250×(P/A，10%，5)=−10 000+4 250×3.790 8
=6 110.90（万元）。

项目净现值大于零，项目可行。

34.【答案】

(1) 收益率的期望值=20%×0.3+10%×0.6+5%×0.1=12.5%。

(2) 标准离差=−5.12%。

标准离差率=5.12%/12.5%=0.41。

(3) 如果市场繁荣的概率增加，项目收益率的期望值将增大。

五、案例分析题

35.【答案】

(1) H 公司 2015 年应分配现金股利总额=0.5×(1+5%)×10 000=5 250（万元）。

(2) H 公司现行的股利支付方式是现金股利。

优点：满足投资者希望得到持续现金回报的需要，有利于增强投资者信心，树立公司良好形象。

(3) 董事乙建议的股利支付方式是股票股利。

优点：可以为项目投资保留所需资金，向市场传递利好信息。

2019年10月高等教育自学考试全国统一命题考试

财务管理学（课程代码　00067）

一、单选题（本大题共20小题，每小题1分，共20分。在每小题列出的备选项中只有一项是最符合题目要求的，请将其选出。）

1. 下列财务活动中，形成甲公司与债权人之间财务关系的是（　　）。

A. 甲公司向乙公司赊销产品　　B. 甲公司向丙公司赊购产品

C. 甲公司购买丁公司的股票　　D. 甲公司购买戊公司的债券

2. 以企业价值最大化作为财务管理目标的缺点是（　　）。

A. 忽视了风险

B. 没有考虑货币的时间价值

C. 忽视了利润赚取与投入资本的关系

D. 企业价值的评估很难做到客观准确

3. 每年复利计息一次时，下列关于名义利率和实际利率说法正确的是（　　）。

A. 名义利率小于实际利率

B. 名义利率大于实际利率

C. 名义利率等于实际利率

D. 名义利率与实际利率的关系无法判断

4. 下列属于市场风险因素的是（　　）。

A. 经济衰退　　B. 公司工人罢工

C. 新产品研发失败　　D. 公司失去重要的销售合同

5. 可用于衡量公司短期偿债能力的财务比率是（　　）。

A. 产权比率　　B. 流动比率　　C. 资产负债率　　D. 固定资产周转率

6. 下列不属于企业年度财务报表的是（　　）。

A. 利润表　　B. 现金流量表

C. 资产负债表　　D. 比较百分比会计报表

7. 在盈亏临界点分析中，不需要考虑的因素是（　　）。

A. 所得税税率　　B. 产品销售单价

C. 固定成本总额　　D. 产品单位变动成本

8. 下列不属于企业日常业务预算的是（　　）。

A. 生产预算　　B. 财务预算

C. 销售费用预算　　D. 产品成本预算

9. 下列属于长期借款筹资优点的是（　　）。

A. 资本成本较低　　B. 限制性条款较少

C. 没有固定到期日　　D. 降低公司财务风险

10. 债务人无法按时偿付本息给债权人带来的风险是（　　）。

A. 违约风险　　B. 利率风险　　C. 购买力风险　　D. 变现力风险

11. 下列各项中，不影响经营杠杆系数的是（　　）。

A. 销售量　　B. 销售单价　　C. 利息费用　　D. 固定成本

12. 某公司股票的市场价值为2 000万元，债务的市场价值为1 200万元，则公司的市场价值是（　　）。

A. 800万元　　B. 1 200万元　　C. 2 000万元　　D. 3 200万元

13. 某股票预计未来保持每年现金股利2元/股，必要报酬率为10%，则该股票的价值是（　　）。

A. 2元　　B. 5元　　C. 10元　　D. 20元

14. 下列不属于证券投资基金费用构成的是（　　）。

A. 基金买价　　B. 基金管理费　　C. 基金交易费　　D. 基金运作费

15. 某企业10年前以250 000元的价格购入一仓库，该仓库目前出售可得净收入400 000元。企业将此仓库改建为车间的机会成本是（　　）。

A. 150 000元　　B. 250 000元　　C. 400 000元　　D. 650 000元

16. 计算下列投资决策评价指标时，受折现率影响的是（　　）。

A. 回收期　　B. 净现值　　C. 内含报酬率　　D. 会计平均收益率

17. 在不考虑保险储备的前提下，计算存货再订货点需考虑的因素是（　　）。

A. 缺货成本　　B. 储存成本　　C. 平均库存量　　D. 存货每日需求量

18. 关于紧缩型流动资产投资策略，下列表述正确的是（　　）。

A. 保持较高的流动资产投资，收益高且风险大

B. 保持较低的流动资产投资，收益高且风险大

C. 保持较高的流动资产投资，收益低且风险小

D. 保持较低的流动资产投资，收益低且风险小

19. “上市公司不能用资本市场上募集的资金发放股利”，所反映的股利政策影响因素是（　　）。

A. 法律因素　　B. 股东因素

C. 通货膨胀因素　　D. 公司内部因素

20. 股票分割带来的影响是（　　）。

A. 增加股东权益总额　　B. 改变股东权益构成

C. 增加股东持股数量　　D. 改变股东持股比例

二、多选题（本大题共 5 小题，每小题 2 分，共 10 分。在每小题列出的备选项中至少有两项是符合题目要求的，请将其选出，错选、多选或少选均无分。）

21. 下列属于公司财务管理内容的有（　　）。

A. 筹资管理　　B. 投资管理

C. 股利分配管理　　D. 人力资源管理

E. 营运资本管理

22. 下列属于年金形式的有（　　）。

A. 等额租金　　B. 企业利润

C. 优先股固定股息　　D. 企业缴纳的所得税

E. 直线法计提的折旧

23. 下列能够反映企业盈利能力的财务比率有（　　）。

A. 流动比率　　B. 销售净利率

C. 销售毛利率　　D. 总资产净利率

E. 净资产收益率

24. 影响资本结构的主要因素包括（　　）。

A. 行业因素　　B. 公司规模

C. 公司财务状况　　D. 公司资产结构

E. 公司所得税税率

25. 下列属于股利理论的有（　　）。

A. 税差理论　　B. 股利无关论

C. 投资组合理论　　D. 信号传递理论

E. “一鸟在手”理论

三、简答题（本大题共 3 小题，每小题 5 分，共 15 分。）

26. 简述财务分析的主要内容。

27. 简述项目现金流量估计时应注意的问题。

28. 简述加速应收账款回收的措施。

四、计算题（本大题共 6 小题，任选其中的 4 小题解答，若解答超过 4 题，按前 4 题计分，每小题 10 分，共 40 分。）

29. 某证券投资组合由甲、乙、丙三种股票构成，投资比重分别为 50%、30%和 20%，β系数分别为 2.0、1.0 和 0.5。如果市场平均收益率为 13%，无风险收益率为 8%。

要求：(1) 计算投资甲股票要求的收益率；

(2) 计算该证券投资组合的β系数和风险收益率；

(3) 若甲、乙、丙三种股票在投资组合中的比重改变为 20%、30%和 50%，判断该投资组合的风险变化情况。

30. 某公司预算年度第 1 和第 2 季度预计销售量分别为 5 000 件和 6 000 件，销售单价为 200 元。假设销售当季收回货款的 60%，下季收回货款的 40%。预算年度期初应收账款余额为 500 000 元。

要求：根据上述资料，计算填列下表（不需要列出计算过程）。

销售预算

项目	1 季度	2 季度	合计
销售量（件）	5 000	6 000	11 000
销售单价（元）	200	200	—
销售收入（元）			
现销收入（元）			
收回上季度应收账款（元）			
现金收入合计（元）			

31. 某公司拟筹集资本 5 000 万元。其中：长期借款 40%，年利率 8%；优先股 20%，年股息率 10%，以面值发行；普通股 40%，股票发行价格每股 20 元，该公司普通股上年支付每股股利 2 元，发行完成后，预计年股利增长率为 5%。公司所得税税率为 25%，各种筹资方式均不考虑筹资费用。

要求：(1) 计算长期借款、优先股、普通股的资本成本；

(2) 计算加权平均资本成本。

32. 甲公司 2018 年有息债务为 5 000 万元，年利率为 10%；当年实现销售收入为 4 800万元；固定成本总额为 600 万元（不包含利息费用），变动成本总额为 3 200 万元。

要求：(1) 计算息税前利润；

(2) 计算经营杠杆系数和财务杠杆系数；

(3) 计算复合杠杆系数。

33. 某投资者拟购买债券，现有甲、乙两种新发行债券可供选择。甲债券面值为1 000 元，票面利率 8%，单利计息，期限 5 年，到期一次还本付息；乙债券面值为 1 000 元，票面利率 6%，每年付息一次，期限 5 年，到期还本。目前市场利率为 5%。

要求：(1) 计算甲债券的价值；

(2) 计算乙债券的价值；

(3) 如果两种债券发行价格均为 1 060 元，分别判断两种债券是否值得投资。[(P/F，5%，5)=0.783 5，(P/A，5%，5)=4.329 5]

34. 某公司发放股票股利之前的股东权益项目构成如下表：

股东权益项目构成　　　　单位：万元

普通股股本（面值 1 元，2 000 万股）	2 000
资本公积	3 000
盈余公积	2 000
未分配利润	30 000
股东权益合计	37 000

该公司宣布以未分配利润发放股票股利，每股发放 1 股，新增股票以面值计价。

要求：（1）计算发放股票股利后的普通股股数、普通股股本、资本公积和未分配利润；

（2）如果公司以 1 股分割为 2 股取代现在的股票股利分配方案，分割之后普通股股数、普通股股本、资本公积和未分配利润将如何变化？

五、案例分析题（本题 15 分。）

35. A 公司是一家集研发、生产、销售于一体的服装企业。为适应国家京津冀一体化发展战略，公司决定将研发和生产中心从北京市迁往河北省。为此公司召开专项讨论会，部分参会人员发言要点如下：

（1）总经理：从外部环境角度考虑，京津冀一体化发展是国家的一项重要战略，国家为此推出了多项优惠政策；河北省有丰富的原材料资源和充足的劳动力供应。综合考虑环境因素，公司决定将研发和生产中心进行搬迁。

（2）生产部门经理：公司迁入河北省后，劳动力成本和原材料成本将降低，并能够享受政策优惠。

（3）运营部经理：配合此次公司搬迁，公司拟新增一条生产线，根据市场前景和运营情况，预测项目内含报酬率高于基准会计收益率，项目具有财务可行性。

结合案例材料，回答下列问题：

（1）公司此次搬迁考虑的财务管理环境因素有哪些？

（2）分析搬迁对公司成本和利润产生的影响。

（3）项目投资决策评价指标有哪些？请判断运营部经理的评价依据是否恰当并说明理由。

2019年10月高等教育自学考试全国统一命题考试
参考答案

一、单选题

1.【答案】B

【解析】公司与债权人之间的财务关系主要是指公司向债权人借入资本，并按照借款合同的规定按期支付利息和归还本金所形成的经济利益关系。选项中甲公司与乙公司、戊公司是债权债务关系，和丁公司是投资与受资的关系，和丙公司是债务债权关系。

2.【答案】D

【解析】以企业价值最大化作为财务管理的目标存在以下问题：

(1) 尽管上市公司股票价格的变动在一定程度上可以揭示企业价值的变化，但是股价是受多种因素综合影响的结果，特别是在资本市场弱式有效的情况下，股票价格很难反映公司的真实价值。

(2) 对于非上市公司，只有对公司进行专门评估才能确定其价值。而在评估企业价值时，由于受到评估标准和评估方式的影响，很难做到客观和准确。故本题选D。

3.【答案】C

【解析】解答本题首先需要知悉以下概念：

名义利率：当每年的复利次数超过一次时，这时的年利率叫作名义利率。

实际利率：每年只复利一次的利率为实际利率。

又实际利率的公式为：$EIR=\left(1+\frac{r}{m}\right)^{m}-1$，式中：$m$ 为一年内复利计息次数；r 为名义利率；EIR 为实际利率。根据题干信息，带入得实际利率＝名义利率，故本题选C。

4.【答案】A

【解析】系统风险指由市场收益率整体变化所引起的市场上所有资产的收益率的变动性，它是由那些影响整个市场的风险因素引起的，因而又称为市场风险。这些因素包括战争、经济衰退、通货膨胀、税制改革、世界能源状况的改变等。故本题选A。

5.【答案】B

【解析】短期偿债能力取决于可以在近期转变为现金的流动资产的多少。反映公司短期偿债能力的财务比率主要有流动比率和速动比率等。故本题选B。

6.【答案】D

【解析】财务报表由报表本身及其附注两部分构成，附注是财务报表的有机组成部分，而财务报表至少应当包括资产负债表、利润表和现金流量表等报表。故本题选D。

7.【答案】A

【解析】盈亏临界是指公司经营达到不盈不亏的状态，而盈亏临界点就是使公司息税前利润等于零时的销售量，即 $Q\times(P-V_C)-FC=0$。根据盈亏临界点的计算模型可知，盈亏临界点受产品的销售价格、变动成本、固定成本等因素的影响。故不包括 A 选项。

8. 【答案】B

【解析】通常一个完整的全面预算应包括特种决策预算、日常业务预算和财务预算三大类内容。日常业务预算是指与公司日常经营活动直接相关的经营业务的各种预算。具体包括销售预算、生产预算、直接材料预算、直接人工预算、制造费用预算、产成品预算、销售及管理费用预算等。故选项 B 符合题意。

9. 【答案】A

【解析】长期借款筹资的优点是筹资速度快、借款弹性较大和借款成本较低。长期借款筹资的缺点是财务风险较高、限制条件比较多。选项 C 属于优先股筹资的优点，故本题选 A。

10. 【答案】A

【解析】违约风险，是指债务人无法按时支付利息以及偿还债券本金的风险。故本题选 A。

11. 【答案】C

【解析】经营杠杆系数的简化计算公式为：

$$DOL_Q=\frac{Q\ (P-V_C)}{Q\ (P-V_C)\ -FC}$$

式中，P 为销售单价；S 为销售额；V_C 为单位变动成本；FC 为固定成本总额。根据公式可以知本题 C 选项符合题意。

12. 【答案】D

【解析】公司的市场价值＝股票的市场价值＋债务的市场价值＝2 000＋1 200＝3 200（万元）。故本题选 D。

13. 【答案】D

【解析】该股票的价值＝2/10%＝20（元），故本题选 D。

14. 【答案】A

【解析】证券投资基金的费用包括：基金管理费、基金托管费、基金交易费、基金运作费、基金销售服务费。不包括 A 项，故本题选 A。

15. 【答案】C

【解析】本题考核机会成本的概念。机会成本是指投资决策时，从多种方案中选取最优方案而放弃次优方案所丧失的收益。结合题干信息，本题选 C。

16. 【答案】B

【解析】净现值的大小取决于折现率。本题选 B。

17. 【答案】D

【解析】在提前订货的情况下，公司再次发出订货单时尚有的存货库存量，称为再订货点，用 R 表示：$R=L\times d$。式中，R 为再订货点；L 为订货期；d 为存货每日需求量。故本题选 D。

18.【答案】B

【解析】紧缩型流动资产投资策略要求在销售水平一定的情况下，保持较低的流动资产投资。这种策略的特点是收益高，风险大。故本题选 B。

19.【答案】A

【解析】资本保全是指公司不能用资本支付股利，应保持资本完整。比如，上市公司不能用资本市场上募集的资本来发放股利，而只能以当期利润或累计留存利润支付股利。而资本保全属于影响股利政策的法律因素。故本题选 A。

20.【答案】C

【解析】股票分割时，发行在外的股数增加，使得每股面额降低，每股收益下降，但公司的价值不变，股东权益总额和股东权益内部各项目的构成比例也不变。故本题选 C。对公司来讲，实行股票分割的主要目的在于增加股票的数量，降低每股市价，从而吸引更多的投资者。

二、多选题

21.【答案】ABCE

【解析】公司财务管理的主要内容是投资管理、筹资管理、营运资本管理和股利分配管理。不包括 D 项。

22.【答案】ACE

【解析】年金是指一定时期内每期相等金额的系列收付款项。年金具有两个特点：一是每次收付金额相等，二是时间间隔相同。在日常生活中，利用年金的形式有很多。如保险费、养老金、租金、等额分期收款、等额分期付款以及零存整取或整存零取储蓄等。故选项 ACE 属于年金形式，符题当选。

23.【答案】BCDE

【解析】用来评价公司盈利能力的指标主要有销售毛利率、销售净利率、净资产收益率、总资产收益率、每股净资产、每股收益、市盈率等。不包括 A 项，流动比率是反映公司短期偿债能力的财务比率指标。

24.【答案】ABCDE

【解析】影响资本结构的主要因素：公司产品销售情况；公司股东和经理的态度；公司财务状况；公司资产结构；贷款人和信用评级机构的影响；行业因素与公司规模；公司所得税税率；利率水平的变动趋势。故本题全选。

25.【答案】ABDE

【解析】股利理论包括：股利无关论和股利相关论，股利相关论观点包括："一鸟在手"理论；信号传递理论；税差理论；代理理论。故选项 C 不选。

三、简答题

26.【答案】

(1) 营运能力分析，主要分析公司资产周转情况；

(2) 偿债能力分析，主要分析公司偿还债务的能力；

(3) 盈利能力分析，主要分析公司获取利润的能力；

(4) 综合财务分析，将营运能力、偿债能力和盈利能力等诸多方面纳入一个有机的整体进行分析。

27.【答案】

(1) 辨析现金流量与会计利润的区别与联系；

(2) 考虑投资项目对公司其他项目的影响；

(3) 区分相关成本与非相关成本；

(4) 考虑机会成本；

(5) 考虑对净营运资本的影响；

(6) 考虑通货膨胀的影响。

28.【答案】

(1) 增加现销，减少赊销；

(2) 建立科学有效的收账政策，避免欠款逾期或者出现坏账；

(3) 采用安全快捷的结算方式，加快客户汇款的速度；

(4) 收到支票后尽快处理，指定专人办理大额款项。

四、计算题

29.【答案】

(1) 投资甲股票要求的收益率＝8%＋2×(13%－8%)＝18%。

(2) 投资组合的β系数＝50%×2＋30%×1＋20%×0.5＝1.4。

风险收益率＝1.4×(13%－8%)＝7%。

(3) 由于该组合中β系数较小的丙股票投资比重增加，β系数大的甲股票投资比重减少，因此投资组合的β系数降低，投资风险降低。

30.【答案】

销售预算

项目	1季度	2季度	合计
销售量（件）	5 000	6 000	11 000
销售单价（元）	200	200	—
销售收入（元）	1 000 000	1 200 000	2 200 000
现销收入（元）	600 000	720 000	1 320 000
收回上季度应收账款（元）	500 000	400 000	900 000
现金收入合计（元）	1 100 000	1 120 000	2 220 000

31.【答案】

(1) 长期借款的资本成本=8%×(1−25%)=6%。

优先股的资本成本=10%。

普通股的资本成本=2×(1+5%)/20+5%=15.5%。

(2) 加权平均资本成本=6%×40%+10%×20%+15.5%×40%=10.6%。

32.【答案】

(1) 息税前利润=4 800−3 200−600=1 000(万元)。

(2) 经营杠杆系数=1.6。

财务杠杆系数=2。

(3) 复合杠杆系数=1.6×2=3.2。

33.【答案】

(1) 甲债券的价值=(1 000+1 000×8%×5)×(*P*/*F*,5%,5)=1 096.90(元)。

(2) 乙债券的价值=1 000×6%×(*P*/*A*,5%,5)+1 000×(*P*/*F*,5%,5)=1 043.27(元)。

(3) 甲债券的价值大于发行价格,值得投资;乙债券的价值小于发行价格,不值得投资。

34.【答案】

(1) 普通股股数=2 000+2 000=4 000(万股)。

普通股股本=2 000+2 000=4 000(万元)。

资本公积=3 000(万元)。

未分配利润=30 000−2 000=28 000(万元)。

(2) 股票分割后普通股股数增加一倍(或者为 4 000 万股);普通股股本、资本公积和未分配利润的金额均不发生变化。

五、案例分析题

35.【答案】

(1) 国家京津冀一体化发展战略,国家推出多项优惠政策;河北有丰富的原材料资源和充足的劳动力供应。

或:宏观环境因素和微观环境因素。

(2) 公司搬迁后,劳动力成本和原材料成本降低,并且可以享受政策优惠,因此公司成本会下降,利润将会上升。

(3) 投资决策评价指标:投资回收期、会计平均收益率、净现值、现值指数、内含报酬率。

判断:运营部经理的评价依据不恰当。

理由:应该将项目的内含报酬率与资本成本或必要报酬率相比较,当内含报酬率大于资本成本或必要报酬率时,项目具有财务可行性。

参考文献

1. 贾国军．财务管理学．北京：中国人民大学出版社，2016.
2. 马忠．公司财务管理．北京：机械工业出版社，2015.
3. ［美］斯蒂芬 A. 罗斯．公司理财．11 版．北京：机械工业出版社，2017.
4. 陈丽萍．财务通论．2 版．北京：科学出版社，2014.
5. 俞雪华，王雪珍，腾青．现代企业财务管理．2 版．上海：复旦大学出版社，2012.
6. 丁元霖．财务管理习题与解答．2 版．上海：立信会计出版社，2016.
7. 秦志敏，牛彦秀．财务管理习题与案例．5 版．大连：东北财经大学出版社，2019.
8. 李红娟．财务管理习题集．成都：西南财经大学出版社，2014.

图书在版编目（CIP）数据

财务管理学/学程教育主编. -- 北京：中国人民大学出版社，2020.6
全国高等教育自学考试指定教材学习包
ISBN 978-7-300-28246-6

Ⅰ.①财… Ⅱ.①学… Ⅲ.①财务管理-高等教育-自学考试-自学参考资料 Ⅳ.①F275

中国版本图书馆 CIP 数据核字（2020）第 105149 号

全国高等教育自学考试指定教材学习包
财务管理学
学程教育　主编
Caiwu Guanlixue

出版发行	中国人民大学出版社		
社　　址	北京中关村大街 31 号	**邮政编码**	100080
电　　话	010－62511242（总编室）		010－62511770（质管部）
	010－82501766（邮购部）		010－62514148（门市部）
	010－62515195（发行公司）		010－62515275（盗版举报）
网　　址	http://www.crup.com.cn		
经　　销	新华书店		
印　　刷	天津中印联印务有限公司		
规　　格	185 mm×260 mm　16 开本	**版　　次**	2020 年 6 月第 1 版
印　　张	10	**印　　次**	2020 年 6 月第 1 次印刷
字　　数	206 000	**定　　价**	32.00 元